LOCUS

LOCUS

LOCUS

LOCUS

Ceal Floyer
Snow Globe, 2017

極地探險家的美好生活祕密

沒膽玩命，
也要拚命挖掘的
人生冒險法則

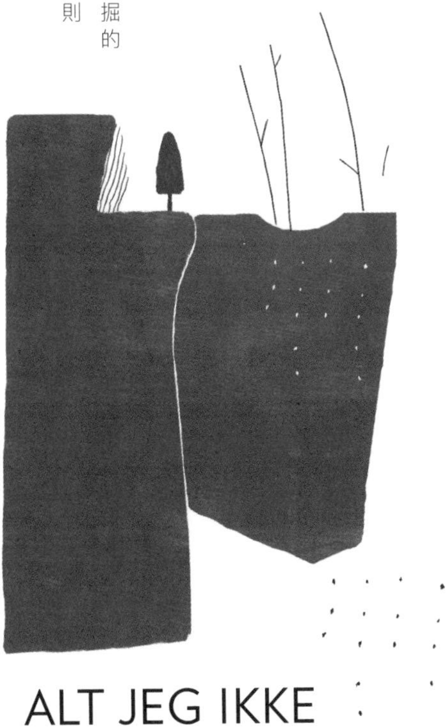

ALT JEG IKKE
LÆRTE PÅ SKOLEN

厄凌·卡格 Erling Kagge

謝佩妏——譯

Filosofi for eventyrere

獻給我的三個女兒英格麗（Ingrid）、索薇（Solveig）和諾爾（Nor）

納斯雷丁要送一名老學究越過洶湧大海時，對方說了一句不合文法的話。

「你學過文法沒？」睿智老人問。

「沒有。」

「那你大半輩子都白費了。」

幾分鐘後，納斯雷丁轉頭問他：「你學過游泳嗎？」

「沒有。幹嘛？」

「那你一輩子都白費了，因為船要沉了！」

前言

把自己扎根於自然中

它告訴我們自己從何而來，面對前方的路又該走向何處。

當我走在開闊的天空下覺得冷時，有個簡單的方法能讓身體暖和起來：拉起禦寒大衣的連帽蓋住頭，拉鍊拉到頂，圍住脖子，同時加快腳步。等到身體從軀幹、手臂、手腕，最後到指甲底下都回暖之後，我就可以停下來。接著，我拿出一顆橘子，剝皮，然後用舌頭把每一瓣橘子輕輕住上顎頂，慢慢把汁吸出來。

那一刻，我突然覺得跟世界萬物產生了連結，包括種下橘子樹的農夫、樹從根部吸收的水分、包覆根部的土壤、從受精到結果托住橘子的樹枝，還有幫助它變得成熟甜美的陽光。我滿懷感激，感激身體重新變得暖和，也感激能感受到大自然的節奏。

也有時候，我走路時彷彿完全不在思考，腦袋一片空白，很少注意到沿途的動靜。我的腦袋進入冬眠，只有少數時候有個想法掠過腦海：雪橇下的雪花是由小水滴組成的，在地表之上十幾、二十公里處結成一個個六角柱，百分之九十由空氣組成。還有它如何穿過大氣層飄落而下，降落在我面前的土地上。沒有兩個雪花是一模一樣的，飄落的路線也不盡相同。儘管有例外，它們的形狀多半對稱。一直到我的滑雪屐輾過它們為止。[1]

大自然有自己的語言、經驗和意識，它告訴我們自己從何而來，面對前方的路又該走向何處。我從小在一個沒有電視和車子的家庭長大（家父認為兩者都有害健康），在森林、海邊和山上消磨了大量時間，所以被灌輸了這樣的認知。在現今這個期待人隨時待命的社會，要把自己扎根於自然中可能並不容易。我自己有時也會忘記大自然的存在；當我環顧四周時，發現很多人總是忘了它。

愈是遠離自然、在現代社會裡隨時讓人找到，我就愈加焦躁不安，也愈加不快樂。我不是科學家，但根據我的經驗，之所以產生不安、寂寞和沮喪的感覺，很大部分是因為我們疏遠了大自然，導致世界變得扁平。人為的環境和先進的科技當然有許許多多的好處，但是我們的眼睛、鼻子、耳朵、舌頭、皮膚、腦袋、雙手和雙腳，並不是為了選擇阻力最小的路而創造的。大地母親已經四十五億四千萬歲的高齡，因此對我來說，不傾聽自然、反而盲目相信人類的發明，似乎是一件傲慢自大的事。

二〇一〇年，我和挪威好友博格・奥斯蘭（Børge Ousland）和冰島極地探險家哈拉德爾・奥恩・奥拉弗松（Haraldur Örn Ólafsson）一同橫越冰島最大的冰川瓦特納冰原（Vatnajökull，又名為「水冰川」）。我們輕裝上路，把所需的食物和器具綁在各自的雪橇上。從體積來看，瓦特納冰原是全歐洲最大的冰川，由三千一百立方公里的冰塊組成，涵蓋冰島東南邊八千一百平方公里的面積。冰島的很多冰川底下都有火山，瓦特納冰原也不例外。我們橫越冰山途中，鄰近的艾雅法拉冰川（Eyjafjallajökull）剛好有火山爆發。幾百人緊急撤離，歐洲很大一部分的空中交通因為火山灰雲而停擺。我們並未陷入危險，但這次經驗讓我發現，冰島偏遠地區的一座小火山爆發，就會對整個歐洲大陸造成如此巨大的影響。大規模的火山爆發甚至可能改變全世界。有時候我會想，我們是否需要這樣的天災來提醒我們地球的節奏和力量。我不願這麼想，而是希望人類能用更和平的方式偶爾跟自然重新連結。

人生的前十二年，我的父母讓我在各種天候下從事戶外活動。我認為自己樂在其中。但後來進入青春期，我漸漸對戶外活動感到厭煩，開始把精力投入室內運動和派對聚會。七、八年後我又開始渴望自然。我想念森林、高山和海洋，想念在戶外消耗體力的感覺。那是一種來自內在的渴望，一股想親近機器以外元素的深切渴望。用身體去感受陽光、雨、風、寒冷、泥土和水。去傾聽。

我很能認同探險家歐內斯特・沙克爾頓（Ernest Shackleton）

在生命將盡時的一些看法：「我們看到了上帝的光輝，聽到了自然的大塊文章，也觸及人赤裸的靈魂。」

我漸漸好奇自己選擇了什麼樣的路或不經意走上了哪條路，才會抵達目前的所在地。思考這件事的同時，我發現自己遇到了一連串的問題：為什麼要把自己的耐力逼到極限呢？為什麼當凍瘡、水泡和飢餓的痛苦記憶猶新時，還要選擇再次上路？從這些經驗能學到任何東西嗎？我沒有明確的答案。所以，我決定坐下來寫作，試圖找出答案。

新經驗帶來了新的洞察和觀點。剛開始時，我最感興趣的是隱藏在地平線後面的一切，而不是近在眼前的事物。出外走路時，我喜歡走很遠，橫越大片距離。當時我還沒發覺走短程的樂趣。後來，由於女兒們正值青春期，還有一份高度挑戰性的工作，加上對藝術產生興趣，我意識到自己的生命逐漸轉變。我開始把想法轉向內在，因此寫了兩本書，分別是《聆聽寂靜》（*Stillhet i støyens tid.*

Gleden ved å stenge verden ute）和《就是走路》（*Å gå. Ett skritt av gangen*）。兩本書以不同的方式探討了我們內在的寂靜。

對我來說，最重要的是，這三本書談的都是人跟自然的接觸。身為探險家，我學到一件事：探險途中，我們得時時停下來重新校正，評估出乎意料的事件或天氣的變化。這本書就是某種校正。

1 設定自己的指南針

不相信大多事情仍等著我們去完成和體驗，就很難對我們置身的世界有所想像。

小時候，只要能夢想或幻想一件事，我就能做到。當你懂的事很有限，只要是兩耳之間能想到的事，沒有什麼事不可能。只要我想，什麼都能達成。我想去踢世界盃足球賽，開船環遊世界，滑雪穿越荒野，攀越高山，過著跟拳王阿里一樣的生活，親吻班上最漂亮的女生，拯救世界免於滅亡，跟史懷哲一樣偉大，當上消防員，登陸月球或火星。

兒童和青少年時期，我各方面都不突出，也沒有特別擅長的運動。我比一般人晚一年上學，連續十二年在班上的成績墊底，朋友也沒有特別多。認真說起來，我似乎沒一件事在行。再加上暴牙，嘴唇又厚，還有學習和語言障礙，我很容易就成為霸凌的目標。雖然小時候從沒做過什麼了不起的事，但我懷抱著夢想，而且從未停止夢想。

後來我漸漸明白，我要同時成為消防員、足球員、太空人和超級英雄的機率有限。換句話說，之後我的夢想開始變得比較集中。

一九九〇年，我跟博格．奧斯蘭破天荒在完全不靠雪車、狗群和補給站的幫助下抵達北極。一九九三年，我成為獨自徒步前往南極的第一人，而且途中不跟外界聯絡，有別於大多數的單人探險。一九九四年，我登上聖母峰。完成這些事情之後，我實現了自己的目標，成為世界上第一個不依靠飛行抵達三極的探險家。

在這本書中，我寫下那些從未離我而去的夢想和構想。這些夢想在時間裡逐漸演變，在好奇心和野心的驅策下成真。在實現原本目標的過程中，觀察自己、同時開始設立新目標，甚至看到奇妙的可能性和嶄新的地平線，其樂無窮！我發現，如果不相信大多事情仍等著我們去完成和體驗，就很難對我們置身的世界有所想像。

第一次橫越大西洋之後，有人對我說：「只要能體驗你做過的事，要我做什麼都願意。」當時二十歲的我，剛跟朋友從非洲西岸的維德角（Cape Verde）抵達巴貝多（Barbados），而且得從船上游上岸。我們在海上漂流整整兩個禮拜，終於要重新踏上堅實的陸地。多年下來，很多人跟我說過同樣的話，但我不確定他們是不是真心的。如果是，他們早就付諸行動了。

小時候，我很崇拜挪威探險家索爾．海爾達（Thor Heyer-dahl）。一九四七年，他乘著木筏「康提基號」（Kon-Tiki）從祕魯的卡亞俄港（Callao）航行到玻里尼西亞的圖阿莫圖群島（Tuamotu Islands）。小時候我最早讀的幾本書之一就是他寫的遊記。海爾達兒時有兩次差點溺水，從此很怕水。儘管如此，他還是夢想有一天能乘著手工製的輕木筏橫越太平洋，那就是史前印第安人在祕魯建造的木筏。當年共有六個人乘著這艘輕木筏往西橫越太平洋，在海上航行了一百十一天，只為了證明很久以前有些人就是

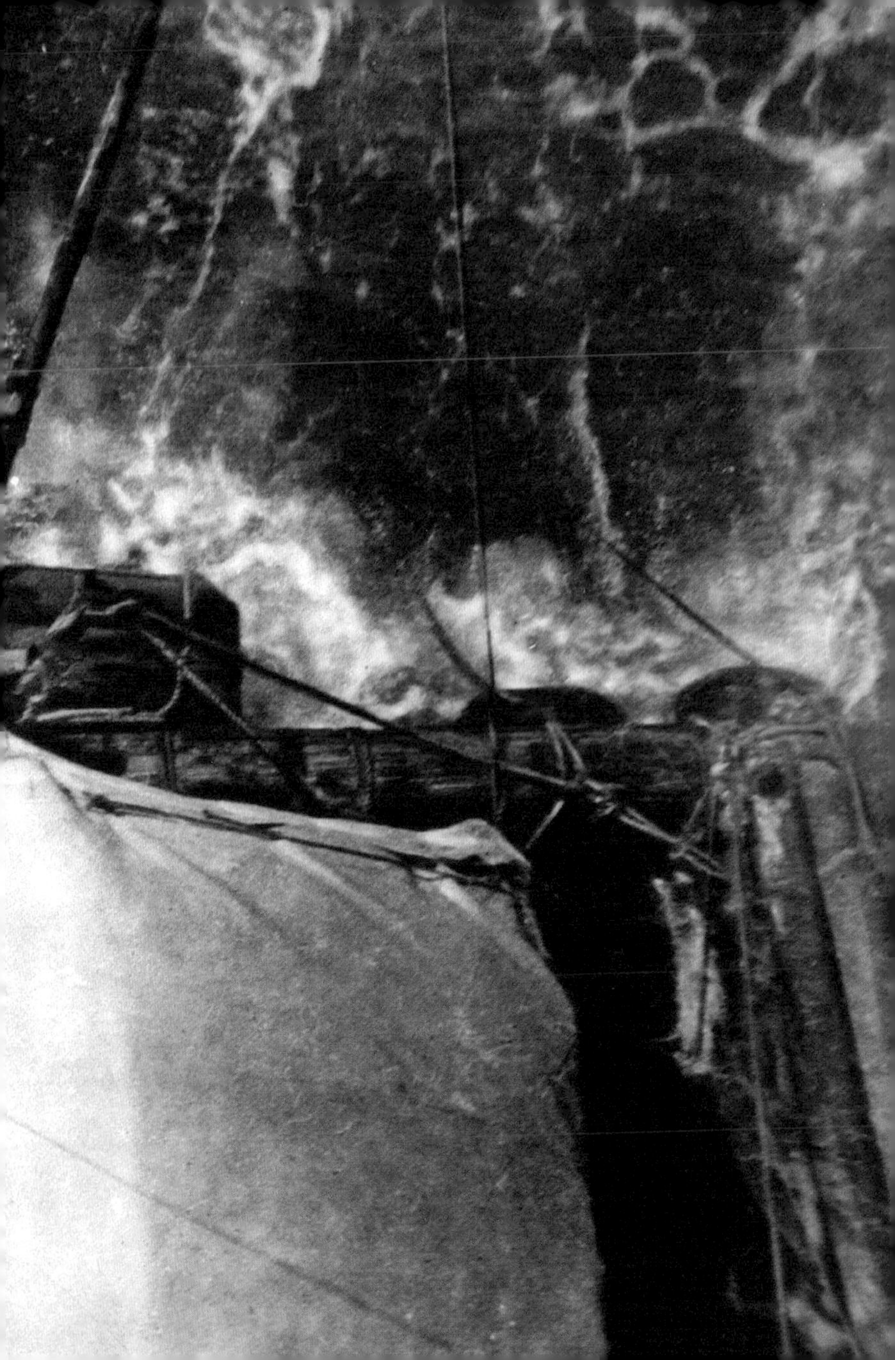

這樣抵達玻里尼西亞，並在那裡定居下來。

一九九四年秋天，我受邀參加海爾達的八十歲壽宴。我內心雀躍不已，也很期待有機會當面向他致上敬意。壽宴上，海爾達的多位老朋友上台致詞，對這位成就輝煌的「康提基人」讚不絕口，在那樣的場合恰如其分。不少人談到他們曾有過跟海爾達一同旅行的機會，卻因為學業、伴侶、家庭、工作等不同的原因而沒去成。致詞的時間很長，從頭到尾我都在觀察海爾達。只見他邊聽邊笑，那時我突然想通一件事。「海爾達先生，你跟其他人最大的不同。」我對自己說：「在於你為自己做決定，不讓其他人為你下決定。機會到來時，你馬上抓住機會，之後才去想種種的困難險阻。」

那些上台致詞的人足夠渴望自己的目標嗎？還是選擇了看似最安全的一條路？他們是不是讓別人替他們做決定？或者，他們認為家中的責任義務更重大？海爾達跟其他人的不同似乎在於，海爾達追逐的是自己的夢想，而他們拚命追逐的卻是別人的夢想。

設定目標對我來說有莫大的樂趣。一天將盡時，目標只屬於我一個人，不是海爾達的，不是左鄰右舍的，也不是家人的，完全為我獨有。我會達成的！我要揚帆橫越大西洋，幫助需要幫助的人，買一瓶香檳，拒絕某個誘惑，寫一本像這樣的書，開一家出版社，當上律師，養兒育女。去南極如何？那就獨自上路吧！對我而言，想法浮上腦海的那一刻，決定就完成了。之後我要做的，就只剩下理智、詳細地思考目標要如何達成。要是我事先反覆斟酌，微調過後才確立構想，然後徹底衡量可不可行，最後再決定要不要做，那麼這本書就沒什麼好寫了。

偶爾我會想，那些我從未實現過的夢想和野心後來怎麼了。它們到哪去了？我認為要找到它們並不難。在我之前，就有很多人說過，捨棄夢想要比實現夢想簡單許多。

我不建議任何人放手去做我做過的事，即使我知道許多人都有能力做到。那些是**我的**目標。我只希望這本小書能幫助你找到自己的北極、自己的聖母峰、自己的夢想，無論你的年齡多大、性別為何。改變原來的世界可能並不愉快，多少也有風險。但什麼都不做、不去嘗試發現生命可以有多美好，說不定風險更大。

那些沒把握的機會和未能展現的決心，日後或許都將成為人生的遺憾。那些都是你沒去做的事。如果你說不能，而我說可能，雙方可能都沒說錯。

印象中，我讀過的第一道哲學難題是「布利登之驢」（Buridant's Donkey）。話說有隻驢子站在兩堆一模一樣的乾草中間，象徵人無法做出選擇的窘境。驢子跟兩堆乾草的距離一樣遠，因此牠猶豫不決，無法決定該先走去吃哪一堆乾草。時間分秒流逝，驢子一再權衡眼前的選擇，無法做出決定，最後在兩堆乾草之間活活餓死。

2 早起

鑽出睡袋不但是探險途中最大的挑戰，也是最關鍵的一步。

早上在正確的時間起床，是極地探險家最大的挑戰。無論是現在，或是歐內斯特・沙克爾頓、羅爾德・阿蒙森（Roald Amundsen）和弗里喬夫・南森（Fridtjof Nansen）的時代都是。因此當有人問我，在雪地裡生活最困難的是什麼，我毫不猶豫說出了這個答案。攝氏零下五十度時，躲在睡袋裡有種難以言喻的吸引力，而這樣的低溫在北極途中不時會出現。那會讓你不想鑽出睡袋，感覺下巴以下都結成冰，恍如置身但丁描寫的第九層地獄。為了節省重量，我跟博格既沒有足夠的燃料能溫暖帳篷（一人一天只有〇・二公升），也沒有多帶內衣褲，所以我已經有六十三個日夜沒換衣服。

「這是我從出生以來做過最困難的一件事。」博格在日記裡寫下。旅途中不乏躲在睡袋內的理由，例如凍瘡、生病、疲累和受傷。心情低落時，我們告訴彼此，長遠來看這只是生命中的一小片段，再過不久我們就能休息了。

南極之旅也並無不同。「羨慕我的人肯定不少，但願意跟我交換位置的人寥寥無幾。」我在日誌裡寫下。在這種情況，起床的念頭比動作本身艱難得多。就像希區考克的電影：「砰」的一聲本身並不恐怖，恐怖的是人的預期心理。因為最大的危險是延遲，就跟好的恐怖電影一樣。無論如何我就是得起床，問題只在於晚五分鐘還是五小時。

鑽出睡袋不但是探險途中最大的挑戰，也是最關鍵的一步。一旦起床，大多數的事情都會迎刃而解。多年來，我一直很訝異一件事：外頭其實很少像我躺在睡袋裡、聽著風扯動防雨篷或索具時感覺的那麼冷。阿蒙森是帶領探險隊踏上南極的第一人。他曾在日誌寫道，躲在睡袋裡理由最充分的日子，往往是旅程進行最順利的時候——一旦他們起床出發。探險就跟生活一樣，最後一步取決於第一步，反之亦然。

身為上班族和三個孩子的父親，我發現最大的挑戰同樣是在正確的時間起床，無論我人在哪裡或是前一晚做了什麼。於是，隨著肩負的責任愈來愈多，我漸漸從夜貓子變成早起的鳥兒。這或許不是對每個人都有用，但對我確實有用。

我對「紀律」的理解，都是在森林線（樹木能夠生長的最高海拔高度）以上學來的。如果天氣很冷，很容易提早休息；如果肚子很餓，很容易偷吃一點明天的口糧。但問題很少會自動消失。在家的時候，賴床或延遲打一通討厭的電話，或許天不會塌下來。但是在那裡一旦拖延，就得承受立即的後果。因此，我毫不懷疑野外求生的經驗讓我在家時更有紀律。此外，討厭的事一旦解決，一天就平順多了。

不過，我得在衛道人士跳出來之前承認，有時我也會明知故

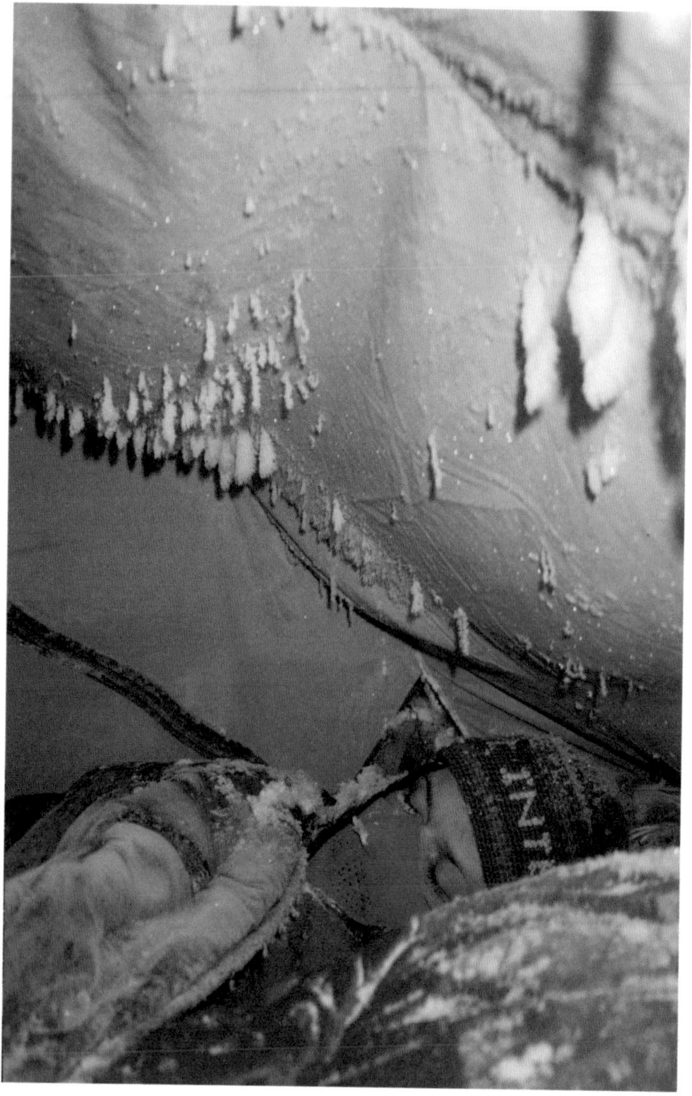

犯。明知理論上和實際上怎麼做最好，還是會偶爾賴床賴過頭；碰到困難或乏味的事情也會拖拖拉拉。正是這種做「壞」選擇的自由，生命才充滿了樂趣和挑戰性。

3

訓練自己保持樂觀

你就是海浪，你將橫掃眼前的一切。

有個經典的禪宗故事是這樣的。名叫「大波」（意指滔天巨浪）的摔角手身強體壯，摔角技術一流，練習時甚至能贏過自己的老師。但只要有觀眾在場，他就會害羞到連學生都能將他搏倒。大波決定去向禪師求助。當時遊方禪師白隱剛好在附近的小寺掛單，大波便去寺中求見，跟他說了自己的煩惱。「你名叫大浪，」禪師說：「那麼今晚你就在寺中掛單，想像自己是海浪，不再是心懷畏懼的摔角手。你就是席捲萬物、吞噬一切的狂濤巨浪。只要做得到，你就會成為全國最厲害的摔角手。」禪師說完即離去。大波坐下來打坐，想像自己是巨浪。夜晚飛逝之際，海浪愈來愈大，捲走了瓶中的花朵，連寺裡的佛像都遭滅頂。天還沒亮，整座寺廟就化為滾滾大海。早上禪師走進來，看見大波仍在打坐，嘴角不由微微上揚。他拍拍摔角手的肩膀。「現在什麼都阻擋不了你了。」他說：「你就是海浪，你將橫掃眼前的一切。」當天，大波去參加摔角比賽奪得了勝利。從此之後，日本再也沒有人能打敗他。[1]

禪宗的核心是冥想。一切在於意念的力量。「掙扎在於兩耳之間，而非雙腳。」北極之旅過後，我寫下這句話。即使身體可以，要是無法說服腦袋，要到哪裡都很難。

我的女兒諾爾八歲時，我記得我問過她，還相不相信自己想做什麼都能做到。她回答：「相信啊，但是我覺得索薇（她五歲的妹妹）比我更相信。」我不太知道要怎麼說服諾爾一切都沒有改變，而別人跟她說的種種限制，最好暫時別去管。學校、朋友、媒體、家人，或許也包括我，都一再告訴她不是所有夢想都能實現，這無可避免為她設下重重限制。長大一點，諾爾就會發現，她終究無法想做什麼就做什麼。但我認為這個發現最好別來得太早。

圖表：意願 vs. 可能

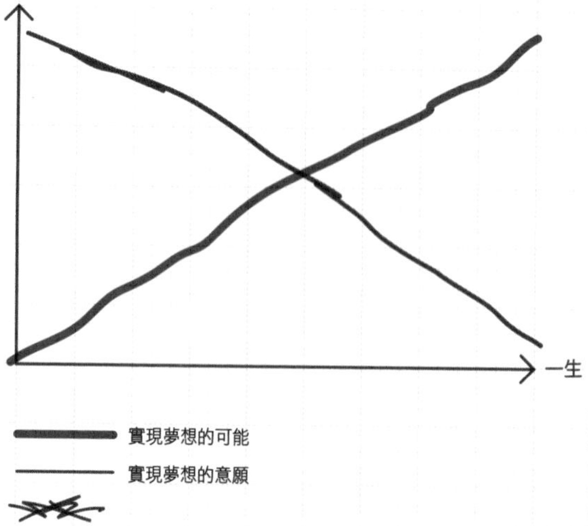

孩子的樂觀天真似乎是天生的。在孩子心中，整個世界還等著他去探索；世界一直在變，我們也是。我相信他們是對的。探索沒有終點。

簡單地說，樂觀就是相信事情可能、也會愈來愈好。樂觀當然不應該代表輕率。有些人或許會說，他們從事不安全的性行為、為非作歹、危險駕駛，或未採取必要的安全措施就徒步前往北極，是

印度邦加羅爾（Bangalore）郊外叢林的馴象師，給了我有生以來最好的一個忠告。當時我在叢林裡健行，看到那些大象被拴在小小一根木樁上。於是我問他：「你要怎麼把這麼大的大象綁在這麼小的木樁上？」他說：「這些象還小的時候會去拉木樁，但怎麼拉都拉不動，長大之後就再也不會去拉木樁了。」

——美國企業家保羅．維維克（Paul Vivek）[2]

一種樂觀的展現。但這不叫樂觀，這叫愚蠢。美國心理學家塞利格曼（Martin Seligman）提倡他所謂的「靈活樂觀」（flexible optimism），也就是將風險納入考量，而不是盲目相信事情一定會有好結果。[3]當錯估風險的代價很大時，就應該對自己的評估保持悲觀。可是，如果保持樂觀和熱血也沒什麼損失，那就放手去做吧。

一九八四年冬天，我跟兩位挪威好友霍克．瓦爾（Hauk Wahl）和亞恩．索斯塔（Arne Saugstad）從加勒比海返回歐洲的途中，在北大西洋上險些沉了船。在這種情況下，告訴自己要阻止水灌進船裡是不可能的事，大概也無濟於事，你只會乾脆放棄，坐著等死。在辦公室裡，我很樂意傾聽並考慮反對的意見，但若非必要，我很少逗留太久。如果有什麼具體的作法能改變現狀，那很好。要是我們出版的書籍定價太高，就應該把售價調低。要是我覺得某人讓我失望或者我讓某人失望，我會設法找出問題的癥結。受批評時，我或許還是會難過沮喪，這再自然不過，但比起過去，現在的我比較不會鑽牛角尖。我確實相信，努力保持正面心態，想像自己手握著一根棒子、盡可能把負面心態擊退，這麼做是值得的。就算負面心態不會立刻消失，你永遠可以再嘗試一次。

我小時候的偶像之一是英國運動員戴利・湯普森（Daley Thompson）。有長達十年的時間，他是世界頂尖的十項全能運動員。湯普森通常一天訓練三次，因為他認為其他對手一天練兩次就會滿足，這麼一來他便能領先其他選手。但他訓練的不只是身體，同時也藉由體能訓練培養自信。連聖誕節他也毫不懈怠，堅持訓練兩次，以免對手當天也會練習。「練兩次，我就能確認自己還是贏過他們。」最重要的是，他相信失敗只是一時的，「我很行，除非能證明我錯了。」根據他的說法，他主要的對手是自己，但他永遠練得比對手勤，心裡也知道自己準備得比別人更充分。他的對手很清楚，所以都樂觀不起來。一九七〇年代，湯普森跟對手激烈較勁時，我還不算太老，湯普森似乎每次注定會贏，就算只是以百分之幾秒險勝。而且他最後真的贏了。

這讓我想起日本將軍織田信長的故事，故事強調了樂觀的重要性。織田信長帶兵攻打敵軍，但對方的軍力是他們的十倍，他們的勝算很低。織田信長於是轉向神明求助。他在一間神社前停下來，向神祈禱過後，他告訴士兵：「我要擲銅板。如果是正面，我軍會贏；如果是反面，我軍就會輸。勝敗掌握在命運之神的手中。」他默默祈禱，然後擲了銅板。結果是正面，士兵大受鼓舞，一舉擊潰敵軍。「沒人能改變命運。」戰爭結束後，一名侍從睿智地說。「確實不行。」織田信長說著，秀出他擲的銅板。兩面都是正面。

Karen Kilimnik
Iceberg Ahead!, 2002

4

別害怕自己的強大

不再害怕自己的強大，最大的好處就是我們也不再害怕別人的強大。

我去過一百多個國家，見過不少人，卻毫不懷疑大多數人都低估了自己。很多人似乎都害怕自己的強大，於是把自己變得比實際上還差。那種恐懼不一定會顯露在外，而是內心潛伏的想法，為所有事設下了障礙。那幾乎像是每個人腦中一個細小的聲音，告訴我們該放棄了，不值得堅持下去，到這裡就夠了。我們很容易拒絕刺激有趣的事，而是選擇安全的一邊，忘了你我都有許多能夠帶來正面體驗的機會，都能達到我們一直以來的夢想。那就彷彿澳洲樂團主唱尼克．凱夫（Nick Cave）唱的那首歌：「你抓住了，而你必須一直用力推，把『天空推開』。」

強弱是相對的。我認識一個人很怕打開信件裡的帳單。對他來說，適應世界、掌控生活、免於破產，已經很了不起。一般來說，拆信跟強不強大無關，對他卻剛好相反。說到強大，我想到的是每個人克服困難的潛力，小困難、大困難都是。

我們害怕自己的強大還有另一個原因，那就是我們愈努力達到目標，失敗的風險就愈大。害怕面對他人對自己失敗的反應，或許是我們多半把夢想藏起來的原因。比起嘗試後失敗，不去嘗試似乎比較安全。當機會來敲門，把窗簾拉上，眼睜睜看著它溜走，比跟著它走、冒失敗的風險要來得容易。我還記得預計前往北極不到一年前，我跟一個朋友滑完雪後，坐在桑拿裡聊天。我問他要是我們失敗了，他認為大眾會有何反應，而那對我又代表什麼？他不假思索地說：「管它幹嘛！」當時我覺得他有點避重就輕，即使在我看來，我的問題都是合理的擔憂。後來，徹底想過一遍之後我發現，要是擔心那麼多，我還不如抓著遙控器賴在沙發上，別去北極了。

有時候，人害怕自己與眾不同，因為那樣自己會顯得很孤單。

記得我曾在某個地方讀過，朋友圈無法維繫的一個常見原因，就是一方在事業上更成功，突出於其他人之上，讓人覺得礙眼。通常是表現較遜色的人決定淡化，甚至結束友誼。英國創作歌手莫里西（Morrissey）唱過一首歌，歌名道出相同的結論：「我們討厭朋友功成名就。」

好一點、刺激一點無妨，但不能太多。或許，恐懼自己與眾不同跟恐懼孤單類似？如果你跟其他人太不一樣，可能會被視為一種背叛或排斥的表現。加入某個團體要繳會費，就是要你融入，或許還要避免自己太過突出，免得其他成員覺得受到威脅。

我們很容易忘記，除了你每天會碰到的機會以外，還有其他機會近在眼前。一九九〇年代初，我有兩年在挪威的海德魯公司（Norsk Hydro）擔任律師。那是挪威數一數二的能源公司。開始工作沒多久，我就覺得公司很仰賴我，至少有很大一部分原因是我的存在不可或缺。這當然是一種正面的心態，但也很瘋狂。根據英國哲學家羅素（Bertrand Russell）的看法，相信自己的角色重要無比是「即將精神崩潰的症狀之一」。同時，我也常覺得自己很仰賴公司老闆。我跟很多同事一樣，想像自己辦公的地方就是自身世界的核心。我在騙自己，同時也忘了我可以選擇另一條路。前景看好的公司法務生涯，當然只會有更多法務工作等著你。最後我離開了公司，徒步前往南極。少了我，我的老闆隔年發展得更好。

拜錯神是很容易的一件事。我相信，即使我們認為自己走的是正確的路，也會覺得是自己選擇了這條路，而不是它選擇了我們，大多數人至少偶爾考慮一下自身產業以外的路，對自己是有益的。有時，說不定會因此發現其他時候就這麼擦身而過的新機會。

十五歲那年，我從奧斯陸的家騎腳踏車到斯特倫斯塔德（Stromstad）去見一個心儀的女生。路程約九十哩遠，我騎了大半天才抵達。至今我還記得住址是塔爾斯提根路四號。當我站在她家門口伸展四肢時，腦中突然間冒出「倒不如回家吧」的念頭，不想走上前去按門鈴。我對自己的反應感到訝異。跟我決定騎車來找她的那一會兒比起來，她仍然一樣迷人，但如今目標終於近在眼前，我卻完全失去更進一步的渴望。並不是因為我覺得最重要的是過程本身，而是我不敢親身去體驗下一章。那次之後，我在認識的人們身上發現了類似的傾向：明明就快達到某個目標，卻在最後一刻退縮。有個朋友終於得到他拚命追求的工作和薪水，發展機會指日可待，他卻沒有堅持到最後，反而發現自己不在乎了，再也無法或不想繼續。

一九八八年上映的義大利電影《新天堂樂園》（*Cinema Paradiso*）裡，老放映師艾費多（Alfredo）說了一個士兵愛上公主的故事。士兵知道像他這種無名小卒毫無機會，但還是無法死心。有一天公主告訴他，如果他在她的窗外站一百個日夜，她就嫁給他。士兵於是開始在她家門外站崗。日子一天天過去，他忍受著風吹雨打和冰雪摧殘。到了第九十天他幾乎站不直了，淚水滾落臉龐，但他仍舊不肯放棄。到了第九十九天，眼看已經勝算在握，他卻放棄了，二話不說就掉頭走人。那部電影我是跟一個朋友一起看的。她認為士兵之所以放棄，是因為無法帶著公主對他的羞辱面對未來。有位精神科醫師朋友則認為，士兵離開是因為目標已經唾手可得，不再有挑戰性。或許吧。但我忍不住想，站了將近兩千四百個小時，卻在最後一刻離去，那是因為他不敢留在愛裡——所有感受中最強大的一種，因為公主再也不是一個遙遠的夢想。他放棄了一個不確定的未來，選擇了可預測的未來。挪威民間傳說所說的「贏得公主和半個王國」這樣的事，不必然是美好故事的開端，結局不會自動變成「從此過著幸福快樂的日子」。或許，真正的問題那時才要開始，所以童話故事才在這裡結束。

不再害怕自己的強大，最大的好處就是我們也不再害怕別人的強大。聽到別人完成了一件事，我常會有「那我也辦得到」的想法。或許吧，但事實上並沒有。要是我心懷不甘地想起那個人不比我好、不該做到我沒做到的事的所有原因，我等於是讓心胸狹窄的我控制了自己。要不我應該做到那件事，要不乾脆換個想法。我要是聰明一點，便會替別人感到開心，或是跟別人一起開心，而不是跟自己過不去。跟心胸狹窄的想法保持距離是一種藝術，保證能做到的一個方法，就是給自己達成目標的空間，並且相信別人的成就無法帶走屬於你的空間。

我認識的男性無論年紀大小，多半有父親情結。我懷疑那至少是打擊我們自信的部分原因。我知道自己就是如此。我父親和我祖父都有父親情結，或許我曾祖父也有。我相信成年後，我們面對事情的反應，很多可以用父子關係（或缺乏父子關係）來解釋。從舊約聖經、浪子回頭到《獅子王》的故事，中心主題都是父子情結。

我深愛我父親，儘管每次探險前後他都對我的能力表示懷疑。其他人也可能對我有負面評價，但父親隨口說句「你辦不到」、「那是不可能的」卻意義重大，殺傷力也強很多。但讓我印象更深刻的是自己有多想要取悅他。我第一次成功做到，是從南極回來的時候。他的稱讚比我獲得的其他讚賞都顯得更有意義。

長大後我發現，我父親跟大多數人的父親一樣，批評或責備時並無惡意，往往只是希望維護我的安全，而且很多時候都具備正當的理由，畢竟我向來不是最聽話的兒子。但面對女兒時，我試著當一個「什麼能做」勝過「什麼不能做」的父親。我從親身經歷中瞭解到，童年受到的批評會跟著我們一輩子，大多數人都無法完全擺脫從托兒所門縫潛入的焦慮感。如果小時候有人告訴你你不會畫畫，你很容易一輩子都這麼相信。

能壓下腦中那個細小聲音的最佳方法，就是意識到它從何而來，還有它說的話往往不值得那麼在意。

我的意思並不是要所有人突然間相信自己很強大，而不再自我反省或考慮現實問題。此外，我說的強大並不是指比別人優越。我只是認為有時應該換個方式想自己，藉此開啟一扇門，去做自己想做的事。

5

成功機率低不等於不可能

一旦開始著手準備，成功機率也就漸漸提高。

挪威哲學家和登山家阿恩・奈斯（Arne Næss）寫過一句話：「我們必須區別完全不可能和成功機率低的不同。」[1]他堅稱沒有事情是完全不可能的，只是成功機率較低。只要還活著，所有可能發生的事都存在於某種「機率表」上，從機率百分之〇・一到九九・九都有。

我認為奈斯的論點放在探險和日常生活中都很有用。仔細想想極地探險的歷史，會發現裡頭充滿了克服重重困難存活下來的人。舉例來說，一八八二年十月十五日的晚上，美國的「北極星號」（Polaris）在格陵蘭島的西北岸撞上冰山。十九名生還者困在一座冰山上，包括五名兒童。這群人就這樣登上地球氣候最惡劣、風勢最猛烈的角落，既缺乏適當的裝備，也沒有足夠的糧食。有六個月的時間，他們隨著冰山在北極圈一年最冷的季節中漂流，總共往南漂移了約三千公里，從史密斯海峽（Smith Sound）往下，經由巴芬島（Baffin Island）進入哈德遜灣（Hudson Bay），最後在一八八三年四月三十日來到拉布拉多省（Labrador）沿岸。那一帶我去過，當時我裝備齊全，但依舊很難想像怎麼可能有人能靠這麼少的物資在冰山上存活這麼久。他們當然差點就溺死、凍死、餓死，但他們用冰雪蓋了冰屋和遮風避雨的地方，還獵了海豹來吃。最後終於被一支捕鯨隊救起來時，船上有名水手問他們是不是真的在冰山上過夜。其中一名生還者描述自己這麼多個月來第一次放聲大笑。一般人的第一反應都是難以置信：一方面，難以相信像北極星號配備如此精良的船隻竟然會沉船；另一方面，不敢相信有人能在毫無準備的情況下在冰山上存活半年。[2]

當初蓋爾・藍德比（Geir Randby，最初的構想是他提出的，但後來他不幸受傷，不得不退出）、奧斯蘭跟我決定徒步前往北極時，很少人看好我們。或許一開始連我們自己都覺得不太可能成功，不過一旦開始著手準備，成功機率也就漸漸提高。

獨自前往南極之前，有些人認為我有點瘋狂，另外一些人則是覺得我可能會在旅途中發瘋。在學校的時候，老師認為我有閱讀障礙又無法專心，所以寫作對我來說是不可能的事，更何況是跟開出版社扯上邊。

人類能力所及的事一直在改變，如今我們活在一個各種變化都比從前來得快速的時代。人類有史以來就看過鳥類的翅膀，因而有了飛行的夢想。這在過去一直是異想天開，直到一百年前出現適合的材料、物理學有了長足的進展，才有所改變。皇家地理學會（Royal Geographical Society）和大多數有識之士都認為，隨洋流漂過北極圈是不可能的事，直到弗里喬夫・南森帶隊在一八九〇年代中成功歸來，他們才改觀。不久之前，人類登陸火星仍被視為不可能的事，但如今人類踏上長達三千三百九十萬哩的火星之旅，只是早晚的事。

美國靠片（譯註：cult film，在小眾影迷心中地位崇高的影片）《滑板青春夢》（*Dogtown and Z-Boys*）描寫了一九七〇年代加州滑板社群的歷史。先是有一小群先鋒著手實驗滑板能玩到什麼程度，滑板運動後來才得以徹底翻轉。參與這部影片的托尼·阿爾瓦（Tony Alva）說，他們能夠想像自己想做的動作，只是不確定有沒有可能真正做到，因為缺乏適合的場地供他們練習編排的動作。後來之所以能夠如願，全是因緣湊巧。有年夏天出現了誰也意想不到的變化。加州爆發嚴重乾旱，所有的游泳池很快乾到見底。這支狗鎮來的滑板隊未經屋主同意，就不辭辛勞動手清理那些無人使用的泳池。泳池的堅硬表面和陡峭弧度剛好適合拿來練習滑板。因此托尼·阿爾瓦、傑·亞當斯（Jay Adams）和同伴們終於能實際演練腦中的構想，也由此為全球滑板文化立下了根基。一小群人原本難

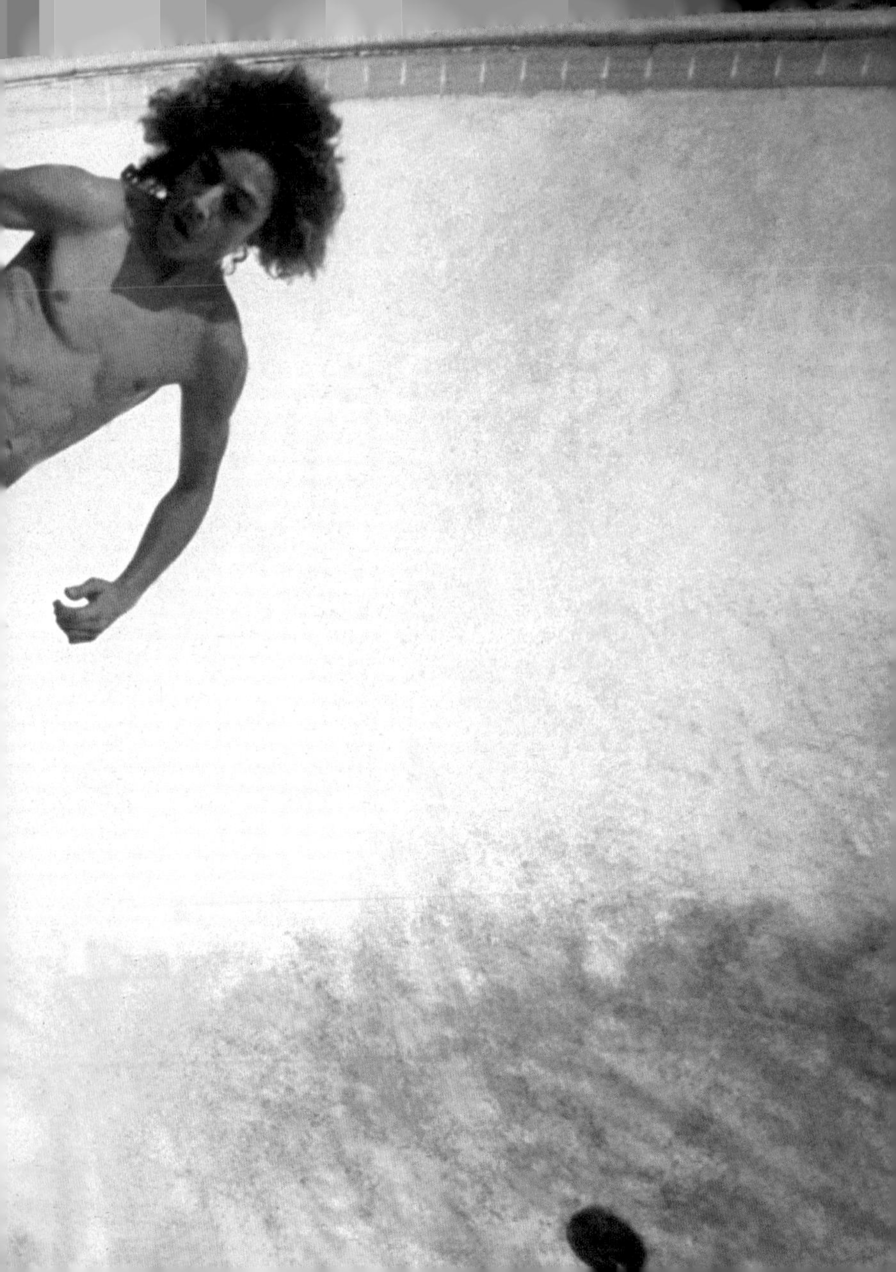

以達成的夢想，突然間變成大眾都能嘗試的活動。[3]

曾經有一段時間，很難想像平民百姓能藉由上書國家元首和世界領袖來造成巨大的改變。有一天，英國人彼得・本南森（Peter Benenson）坐在倫敦地鐵上，頭戴圓頂帽，手上拿著一份《每日電訊報》（*Daily Telegraph*）。他剛讀完兩名葡萄牙學生因為表達理念而入獄的報導，突然他心想：或許該試試改變現狀了。這就是國際特赦組織的濫觴。[4]

一年後，這個組織開始運轉，此後幫助了成千上萬人。一九七五年，多明尼加共和國的工會幹部皮那瓦地茲（Julio de Peña Valdez）被警察逮捕監禁；前兩百封信寄達監獄時，獄警把衣服交還給他；又寄來兩百封信之後，典獄長說要見他；累積到三千封信時，總統終於讓步，將他釋放。今日，國際特赦組織是全世界最大的獨立人權組織。在爭取自由和公義的道路上，哪些是可能的目標，至今仍有很大的調整空間。

過去，一般認為沒帶氧氣瓶不可能登上聖母峰，直到一九七八年五月八日，奧地利登山家哈貝爾（Peter Habeler）和義大利登山家梅斯納爾（Reinhold Messner）成功達成才改變。自從證明此事並非不可能後，梅斯納爾又獨自攻頂一次，同樣沒帶氧氣瓶，後來約有兩百名登山者追隨他的腳步。此外，梅斯納爾也跟德國探險家富赫斯（Arved Fuchs）一同通過南極，滑雪穿越南極圈再飛往北極。我要說的是，哈貝爾和梅斯納爾完成的事，一開始都被認為不可能辦到，但突然之間變得可能。要推翻一個確立已久卻漏洞百出的「事實」，你需要一個能分別「完全不可能」和「成功機率低」的人。所以我建議將美國女飛行員愛蜜莉亞・艾爾哈特（Emelia Earhart）的忠告牢記在心。一九二八年，她獨自飛越大西洋。她說：「當有人正在做你認為不可能達成的事，千萬別打斷他。」

6

別冒愚蠢的危險

勇氣也不表示不計後果堅持到底，因為不顧後果不等於勇敢。

多數冒險家都有一個共同點：追求挑戰和危險時，我們並不是在玩命。剛好相反，我們之所以追求危險，是因為經歷險境並有能力克服危險這件事本身，就如同在確認自己存在的力量。

我還記得爬聖母峰的最後幾米路。從東南面攻頂之前，會先碰到一個小副峰，名為南峰。從這裡到主峰，沿途是一條非常狹窄的冰雪山脊，名為雪簷嶺（Cornice Traverse），極其窄仄，難爬得不得了。往峰頂前進時，左手邊急降兩千公尺，底下就是尼泊爾，右手邊則深達三千公尺，直抵西藏。除了零星的小岩架之外，我想沒什麼能阻止你直直墜入谷底。跟我一起爬山的一個傢伙開玩笑說，穿越這條危險山脊時，他會稍微往左靠，這樣要是不慎摔落，至少比摔下右邊山谷少了整整一公里。當時我聽完哈哈大笑，但是兩天前，當我不太有把握地沿著這條危險山脊慢慢前進時，我滿腦子只想著如何安全抵達另一頭。

從極高處往下看總是令我不安，爬聖母峰時也沒有更自在，儘管我因為缺氧有點感覺麻木。那幾個禮拜，我努力克服某些成分的內心恐懼，但有很大比例的恐懼依然存在，一直沒消失。因此為了別嚇壞自己，在最陡峭的路段我都避免往下看。其實是不敢看。穿越山脊時我望著前方，小心翼翼看著自己踏出的每一步。我在日記寫下：「低頭看右邊，又稍微往左邊看。下定決心再也不會重來一遍。」不得不低頭往下看時，我完全不去想可能發生的事，鼓起所有勇氣把視線和思緒固定在其他事物上。換句話說，我有足夠的勇氣登上聖母峰，卻沒有勇氣低頭多看一眼，除非真有必要。

一般來說，拿出勇氣不是一件容易的事，要瞭解勇氣是什麼也不容易。至少對我來說，兩者都是難以定義的概念。勇氣從何而來？是恐懼、獲得肯定的需要、無知，還是理想主義？當我的小孩從高高的柵欄或樹上跳下來時，我認為後面三項都有。多年來我思考了很多關於勇氣的事，得出一個結論：勇氣不是一種與天俱來或缺少的具體素質，而是會不斷發展，在不同時期得到灌溉或受到壓抑。勇氣會以不同的形式展現。

勇敢肯定代表你對自己的所作所為引發的後果有所認知。在家鄉時，很多人認為我們踏上北極之旅很有勇氣，尤其氣溫可能降到攝氏零下五十度。我到東南亞國家演講，當我提到這樣的溫度時，台下卻沒什麼反應，零下五十度對我的亞洲聽眾來說似乎不代表什麼。後來我突然想到，或許他們從未體驗過那樣的低溫，所以對於有人能忍受那樣的溫度沒有什麼感覺。相反地，由於我的聽眾很少獨處超過五十分鐘，他們對於獨自一人橫越極地長達五十天就感到驚訝不已。

勇氣也不表示不計後果堅持到底，因為不顧後果不等於勇敢。

回頭並不可恥，那甚至是挪威登山規範的第八條。我不時會問自己，我很少回頭的一個原因會不會是我沒有勇氣回頭。比起成為眾人喝倒采和嘲弄的對象，朝更大的危險前進，說不定場面還沒那麼難看。剛開始踏上探險之旅時，害怕讓唱衰者說中，我想有時是刺激我堅持下去的一大動力。此後，隨著我的經驗和直覺變得更成熟（但願如此），恐懼成分扮演的角色就不再那麼重要。但我很樂意承認恐懼偶爾還是存在。獲得肯定的需求雖然逐年減少，但不表示不存在。攀登聖母峰時，我因為太累，最後三百公尺只要一逮到機會坐在背包上喘口氣，我便會睡著。所有常識都叫我回頭，但那個時候我已經聽不到理性的聲音，只能一步接著一步往前走，無論要付出什麼代價。我覺得自己像隻動物，完全靠直覺行動。那天我展現的勇氣和堅持不懈獲得了讚賞，但我認為自己既不勇敢也不膽小，只是腦袋昏昏沉沉，停止了理性思考。要有恐懼，至少是對安危的擔憂，才算是有勇氣。但當時我完全沒有心力考慮這些。

一八九七年，瑞典極地探險家薩拉蒙・安德魯（Salomon August Andrée）想成為飛往北極的第一人。他的構想是坐上他的熱氣球「老鷹號」，靠著南風將他從挪威的斯匹次卑爾根島（Spitsbergen）往北吹。當時飛船和飛機都尚未問世，安德魯只能完全仰賴順風和天候。出發前不久，沿途風況並不樂觀的消息傳來，飛往北極的計畫十之八九會失敗。挪威探險家弗里喬夫・南森對這類資訊知之甚詳，畢竟他曾在北極海待過大約三年（一八九三年到九六年）。收到消息之後，安德魯必須做出選擇，究竟是要打道回府接受嘻笑辱罵，還是像個堅持到底的英雄出發上路？他沒有勇氣返回瑞典，卻有勇氣往北飛行，儘管背負了極大的死亡風險。安德魯和團隊的屍體，直到一九三〇年才在斯匹次卑爾根島以東的懷特島（White Island）上被尋獲。至今他仍被視為英雄，他無與倫比的勇氣仍是瑞典兒童的教材。但對我來說，那趟探險的最後一名成員，也就是剛新婚的尼爾斯・埃科赫姆（Nils Ekholm），才是更了不起的英

雄。在得知他們的裝備極可能不夠完善之後，他決定退出探險隊。他知道自己在遭受嘲笑和輕視的同時，也讓妻子免於痛苦、孤單和經濟重擔。

美國作家和法律教授威廉・米勒（William Ian Miller）所著的《勇氣之謎》（*The Mystery of Courage*），也收錄一則類似的故事。[1] 一九一四年，名叫普羅伯特（Probert）的美國大兵奉命跟隨部隊橫越大西洋，前往歐洲參與作戰。部隊裡都是志願兵，但二等兵普羅伯特拒絕同行。上校來問他話時，普羅伯特回答：「長官，我不害怕，但我不想被槍打死，我家裡還有老婆和豬仔。」其他士兵取笑他，上校也想盡辦法羞辱他，一開始還懇求他改變主意，之後便直接命令他照辦，但他都不為所動。最後上級放棄，將他開除。官方給的理由不是普羅伯特不願冒生命危險，而是他智力過低。總之，故事結局是普羅伯特「開心滿足地回到老婆和豬仔身邊」。普羅伯特被拿來跟退出北極熱氣球探險隊的埃科赫姆相比較，他以他自己的方式展現了勇敢。或許，他知道或猜到二等兵在戰爭中的待遇有多差，還有守寡的生活有多麼悽慘。在我眼中，他展現了極大的勇氣。

從聖母峰歸來後，阿恩・奈斯說我完成了驚人的壯舉，但要我忘記自尊和一心想打破紀錄的渴望，在距離山頂五公尺、目標唾手可得的地方回頭，才需要更大的勇氣。我同意，但那時候才回頭也太遲了。

在挪威，有一次我跟某位在首都從事性工作的妓女聊天。她說我為了抵達目標抵抗嚴寒、強風和危險，令她佩服不已。那天是聖誕夜，我告訴她，在我眼中她每天的存在就展現了莫大的勇氣。在二十度以下的低溫，穿著迷你裙在奧斯陸街頭走來走去，跳上陌生人的車，把自己交到素昧平生的男人手中，那才需要勇氣。我們或許有不同的理由從事各自進行的活動，我是為了體驗，她是為了生

存，但在我看來，我們都在過程中展現了勇氣。

比起默默努力，在大眾矚目下攀越聖母峰更容易拿出勇氣。這並不是說如果沒人知道我做的事，我就不會去爬聖母峰，但不可否認的是，確定能獲得獎賞時，我們更容易展現勇氣。

我曾在旅途中冒過險。有時情況確實很危險，例如在洶湧的海面上航行，或是在薄冰上全速衝刺。某些時候我勇氣可嘉，但也有時候，如我之前所說，我根本不知道自己在做什麼。還有其他時候，比方我跟博格在北極附近被一頭飢腸轆轆的北極熊攻擊時，我們所做的單純是為了活命。不得不近距離開槍射殺一頭朝我們撲來的大熊，很令人難過，但那是誰把誰當晚餐的問題，我們別無選擇。我以自己完成的事情為傲，但若從勇氣的角度來看，我覺得他人的讚美是過譽了。

在日常生活中展現勇氣可能是截然不同的挑戰。我時不時會浮現一個念頭：我寧可再去爬兩次聖母峰，也不願經歷某些人每天要面對的殘酷不公。對我來說，扶養三個青春期女兒似乎比攀越任何一座高山更令人生畏。此外，要有莫大的勇氣，才能對抗重症、寬厚待人、信守承諾、結束關係（更何況是勇敢去愛和表達愛），還有背叛、失望和悲傷。就如挪威精神科醫師史卡德魯（Finn Skårderud）曾說過的：「跟等待心上人永遠不會打來的一通電話相比，高空彈跳算什麼？」一趟冒險要幾個月，過程很辛苦，但日常生活的挑戰卻是一輩子的事。或許長一點，或許短一點。在各式各樣的日常情境中好好待人處事，忠於自己也不負他人，往往比抵達某個指定地點就結束的旅程更加艱辛，也更具挑戰性。

有時很難確定哪一樣才需要更大的勇氣，是等待，還是行動？當艾蜜莉．沙克爾頓（Emily Shackleton）、伊娃．南森（Eva Nansen）和凱薩琳．史考特（Kathleen Scott）的探險家丈夫決定橫越冰雪時，她們或許也別無選擇。只是一旦丈夫啟程離家，守護家庭的責任落在她們身上時，她們展現了無比的勇氣，只是無人歌頌。探險家若一去不回，有時當局會替他們照顧家人，但大多數遺眷多少得自己養活自己。我認為，當男主人缺席好幾年（或許是永遠缺席），待在家裡、獨自扛起照顧家庭的責任，所需要的勇氣或許比她們丈夫展現的勇氣更大。

雖然有時很難確定什麼才叫「勇敢」，我想大多數人親身體驗到的時候，都能認出那種感覺。就像《獅子王》裡的木法沙，我想必要時我會拿出勇氣。木法沙認為沒有必要讓自己置身不必要的危險中，於是他避開了危險。但影片前段當兒子的生命安危受到威脅時，他就算冒著生命危險也要救他。

比起為了心愛的人展現勇氣，若捍衛的並非至親至愛的安危或幸福時，要拿出勇氣或許才是更大的挑戰。例如跳進冰冷的深水裡救陌生人，讓自己陷入危險，甚至周遭無人見證，這同時展現了身體和道德上的勇氣。我想我會這麼做，但除非面臨實際的狀況，我

Norsk Nordpolekspedisjonen

也無法百分之百地確定。

勇氣的問題就在於，我無法把它放在保溫瓶裡保溫，等到需要時再一口吞下，像魔法藥水一樣賜給我勇氣和膽量。如果能這麼做，那就類似讓阿斯泰利克斯（譯註：Asterix，法國同名漫畫中的人物）獲得力量的神奇藥水，可以在需要拿出勇氣時幫助人挺起腰桿。事實上，勇敢並非固定不變的特質，而是一個演進的過程，如同沒有人生下來就膽小懦弱。每當情況需要時，鼓起勇氣都是一項全新的挑戰。

7

冒一點險，生命就有了不同的意義

我們的生活永遠無法免除危險，無論是在森林線以上或以下。

鼓起勇氣的前提是，挑戰本身具有危險的成分。為了幫助他人，在一個慈善組織中努力工作固然很好，但不一定需要勇氣。任何事情若要真正具有挑戰性，就必須有失去某件東西的準備。大事如此，小事亦然。你可能被人討厭或取笑，可能人身安全受到威脅或經濟受挫。小時候，有個朋友讓我印象深刻。她是女生，穿衣風格獨特，跟學校的流行趨勢背道而馳，而且衣服都是自己做的，即使她父母很樂意買衣服給她。現在回想起來，我還是覺得她很有勇氣，更何況那些遭受霸凌卻努力撐下來、每天照常去上學的人。到頭來，展現勇氣的同時少不了要冒險。說白了就是：你得放棄某個職位、攀越某座高山、做出會傷害某些人或事的選擇。若非如此，

這件事本身或許很了不起，但算不上勇氣之舉。

現今的挪威社會有許多內建的安全網，因此存活本身不再像過去是一大挑戰。在西方世界，生活富足的人日漸增加，生活水準創下新高，一般來說危險也大為減少。然而我的印象是，覺得生活缺少動力的人反而增加。

根據我的經驗，當我出於自願在行動或語言上冒險時（選擇了一條窄路），生命便有了額外的意義。選擇自己的方式、為不確定的事孤注一擲，一定都有風險。健康、名聲、形象、金錢或生命本身，可能都壓在輪盤上。但不賭也可能有危險，而且更無趣。確實，打從人類出現以來，就不乏打造一個百分之百安全的社會的夢想，這樣的社會有許多好處。挪威政治家不斷討論這樣的可能性。我的意思並非我們不該盡可能在日常生活中減少意外的發生，但生活若不是偶爾來一點自找的風險，也少了很多樂趣。

即使我們想盡辦法確保安全，意外還是會發生。大多意外發生在家裡，假如病痛或危險駕駛沒先找上你的話。這在極地探險家跟在上班族身上同樣適用。危險是相對的。一九五三年，登山家丹增·諾蓋（Tenzing Norgay）跟艾德蒙·希拉里（Edmund Hillary）成為登上聖母峰的第一人。諾蓋並不是在無數登山途中死於意外，而是死於菸草。三月二十九日當地時間約十一點半，諾蓋即將攻頂，情況都在他的掌控之中，因此他讓希拉里超前他六呎遠。率先攻頂對一名紐西蘭白人來說，比對一名雪巴人（譯註：散居在喜馬拉雅山上的民族，常擔任高山嚮導，文中提到的丹增·諾蓋即為其中之一）更為重要。後者覺得或許他的族人在精神層面上已經攻頂許多次。[1]弗里喬夫·南森一八九五年創下「最北」的紀錄，最後平靜地在家中死去。儘管如此，他在日記寫下的最後幾個字是「更北再更北」，很符合他的人生志業。[2]梅斯納爾總共爬過十四座海拔超過八千公尺的世界高峰，卻在爬自家牆壁時受了重傷，因為他忘了帶鑰匙，回家時只好爬牆從窗戶進去。長途旅行中的短暫階段可能很危險，我也常常覺得，文明生活可能跟我在野外遇到的所有事一樣布滿危險。比方當我騎腳踏車穿越奧斯陸市區到辦公室、讓小孩獨自過馬路，或是晚上我在滿是醉漢和混混的地方等計程車。再說，如果你大多時間都坐在沙發上，得心臟病的機率也會提高。

我們的生活永遠無法免除危險，無論是在森林線以上或以下。當你選擇一條路並孤注一擲，挑戰危險本身就成了一股渴望。少了這股渴望，倒不如坐直升機或雪車算了。探險之前和探險期間，危險顯得最小，但如果完全沒有危險，就無所謂「孤注一擲」了。

我不想美化危險，但它讓我用正確的心態衡量事物，幫助我事先評估什麼可能出錯，而我又能如何掌控情況。藉由這個過程，我才能事先判斷事情本身會有多危險。如果我在旅程中用心觀察，幾乎每次都能找到更安全的替代方案。漸漸地，危險成為日常生活不可或缺的一部分。人慢慢適應了危險，危險成了人生中自然而然的存在。少了那麼一點不確定，我想我寧願去做其他事。

選擇性的風險和危險，顯然還是一種奢侈。有時候雖然極度不舒服，但能夠承擔這樣的風險和危險仍是一種幸福，無論是在荒野中或其他地方。過去，挪威絕大多數的人光要維持生活，就受盡了磨難，無論是自己或心愛的人都一樣。至今我仍記得祖父跟我說過他從六歲起在孤兒院度過的悲慘生活。曾祖父在外海落水之後，他母親養不起他，只好把他送到孤兒院。從此之後，日常生活變成一大掙扎，奮力存活有很大一部分只為求得溫飽、有住的地方和些許受教育的機會。我一直認為祖父是一個對生活充滿目標的人。

我對必須為了日常生活而奮戰的人毫無不敬之意，但我也相信人類都需要挑戰，並且在挑戰中感受到每個人能贏得生命賜予的禮物。無論如何，我自己是需要挑戰的。人類體內還保有很大一部分石器時代的基因。當危險和挑戰出現時，我的生活方式也隨之改變；它們為我創造了意義，讓我強烈感受到自己活著。過去和未來不再重要，我眼中只剩下當下此刻。至於其他種種……贏得樂透的

Alex Kwartler,
Pink Matterhorn, 2004

夢想、一輛比鄰居的車更好的車，或者受別人影響而產生的野心，都不再具有很大的意義。當辦公室裡出了問題，得隨機應變、快速行動時，當我橫越聖母峰上惡名昭彰的坤布冰河（Khumbu Glacier）時，當孩子擁抱我的時候，當我在狂風暴雨的大海中航行時——我都清清楚楚感覺到自己的存在。[3]

8 別追逐快樂，讓快樂追逐你

當我主動尋找快樂時，從來沒有真正找到過。

你曾經問過自己快樂嗎？然後認真想想，自己為什麼快樂？我曾經這麼做過。雖然覺得自己是快樂的，但是當我這麼問自己時，很快就開始質疑答案。

亞里斯多德的一個根本思想是，想過好生活的人必須努力發展潛能，並根據自己的潛能過活。人不應該追求錯誤的目標，例如名利。好的生活就是善用自己的判斷、追求知識、與他人共同生活，還有投入上述的努力過程。簡單地說，滿足感自會找上知足的人。[1]只從亞里斯多德的《尼各馬科倫理學》（*Nicomachean Ethics*）擷取一、兩個概念是很危險的事，但是這帶給我很大的樂趣，因為那提醒了我，根本的思想和挑戰從古至今都沒有改變，而且今日完全不少於兩千三百年前。[2]

當我主動尋找快樂時，從來沒有真正找到過。我不否認有人能找到生命的終極意義，但我沒有辦法。[3]根據我的經驗，生命的意義每天、每年都在改變，而且因人而異。因此對我來說，在生命的不同道路上找到目標才是挑戰。於是，我選擇到荒山野地踏上極端之旅。至於美國單人攀岩家艾力克斯・霍諾德（Alex Honnold）則說：「沒人是在開心愜意的狀態下完成了不起的事。」[4]

我現在的生活跟過去那個愛冒險的我差很多。凡事都有定時，用身體去冒險已經不像過去那麼吸引我。家庭生活和有趣的工作給了我過去生活缺少的目標。儘管如此，為了活得更充實，我時常需要擴展界線、為自己設下考驗。生命可能在各種狀態下都有其意義，我太容易忘記這點。那是我的選擇。考驗也不一定要多大。一趟短短的滑雪之旅、關心他人、讀一本好書、慷慨待人、陪伴小孩、欣賞藝術、跟街上的陌生人攀談，這些事能夠給人的喜悅和領略的生命意義，不亞於垂吊在世界第一高峰下。有時候，後者跟其他事比起來甚至毫無意義。在我之前就有很多人說過，重要的不是找到生命的意義，而是找到生命各種不同的意義……藉由留心每一天的生活和每一刻當下。[5]

探險家很少談到一種美妙的經驗，或許那對他們來說太顯而易見——當你貼近大自然生活，一步接一步接著千千萬萬步把自己累到精疲力盡時，通常會感覺生命變長了。我在奧斯陸和在其他城市遇到的人，很多都覺得生命苦短，尤其是上了年紀之後。我認為那有點悲傷。在我看來，他們把物理學和自己的感知混為一談了。跟物理學比較起來，感覺時間的流動其實跟人體神經系統對外界的感知更為相關。

兩千年前，哲學家塞內卡（Seneca）寫下時間在情感層面上給人何種感受的睿智觀察：「你活得彷彿注定會長生不死。」他接著描寫人是如何透過他人而活著，從來不曾是自己生活的中心。我們對手中的時間漫不經心。人守護自己的財產和社會地位，彷彿那是生命中最重要的事物，卻對我們明知有限的時間粗心大意。存在這世上的人「為生活奔走，為了對未來的渴望和對現在的厭倦而煩惱」。生命將盡時，「可憐的人發現自己奔走了一輩子卻一事無成，但已經太遲。」對塞內卡來說，惡夢成真就是：到死都在忙碌，子孫卻在你身後享樂。

塞內卡在這裡當然太過簡化，但我確實同意他說的，如果不虛擲時間，我們就不會覺得生命苦短。這裡要說的是活在當下，盡可能避免透過他人或科技而活著。6

直到近幾年，科學才得以觀察人腦形成感受的過程。當我們在幾百分之一秒內，判斷自己是否對某個狀況心動時，位在額頭正後方的額葉扮演了關鍵的角色。之後，訊號被傳回頭皮更下方處，加以分析。腦中數以億計的極小連接點連接到其他神經細胞，並受到掌控快樂、壓力或樂觀的荷爾蒙所影響。[7]

你跟我都有能力影響正面和負面感受之間的相互作用，因此也能影響作用的結果。二〇〇二年九月，這方面的研究有了一大突破。研究人員在一名佛教僧侶的頭上戴了裝有兩百五十六條金屬細線的帽子，追蹤他漸漸進入深層冥想和這種狀況下常引發的喜樂境界時，腦部分分秒秒的變化。當僧侶深入內在世界時，從螢幕上看得出來，他的部分大腦因為電流活動而亮起來。參與這項研究的美國精神科醫師理查・戴維森（Richard Davidson）聲稱，可見快樂不是一種模糊不清、難以形容的感受，而是「腦部一種有形的狀態」，可以刻意將之引發而出。[8]

換句話說，科學家試圖證明打坐冥想的佛教徒幾世紀來早就知道的事。快樂是我們能靠自己達成的狀態，可能跟周圍發生的事情關係不大。腦袋有個部分不停在變動，如果願意，我們能將之重新改造。除了勾勒出快樂感受的有形特徵，研究團隊也斷定腦中的變化會影響身體——跟大多數長途走路或爬高山的人會產生的感覺如出一轍。

我有時會設法問出我遇到的人有多快樂。二〇一〇年十二月，我跟美國城市歷史學家兼探險家史提夫・鄧肯（Steve Duncan）深入紐約的水溝、地下鐵、火車和下水道組成的神祕網路，從北布朗克斯走到大西洋沿岸，穿越部分地下世界。穿過曼哈頓的西側隧道時，我們去拜訪了布魯克林（Brooklyn），她從一九八二年開始就住在隧道裡。鐵道上十二呎長的水泥空間就是她的家，她稱之為「冰屋」。地上的床墊鋪得整整齊齊，那是她的床。角落的一堆空瓶罐是她的全部財產。一篇印著麥可・傑克森的雜誌文章被撕下來一張挨一張貼在牆壁上。她還有一張很美的自拍照。

我很好奇布魯克林對於快樂的看法。我跟史提夫之前在健行時認識了她，我們都認為，她看起來比我們在地面上看到的大多數紐約人還要快樂。我問她：「妳有多快樂，從一到十？」「七吧。」

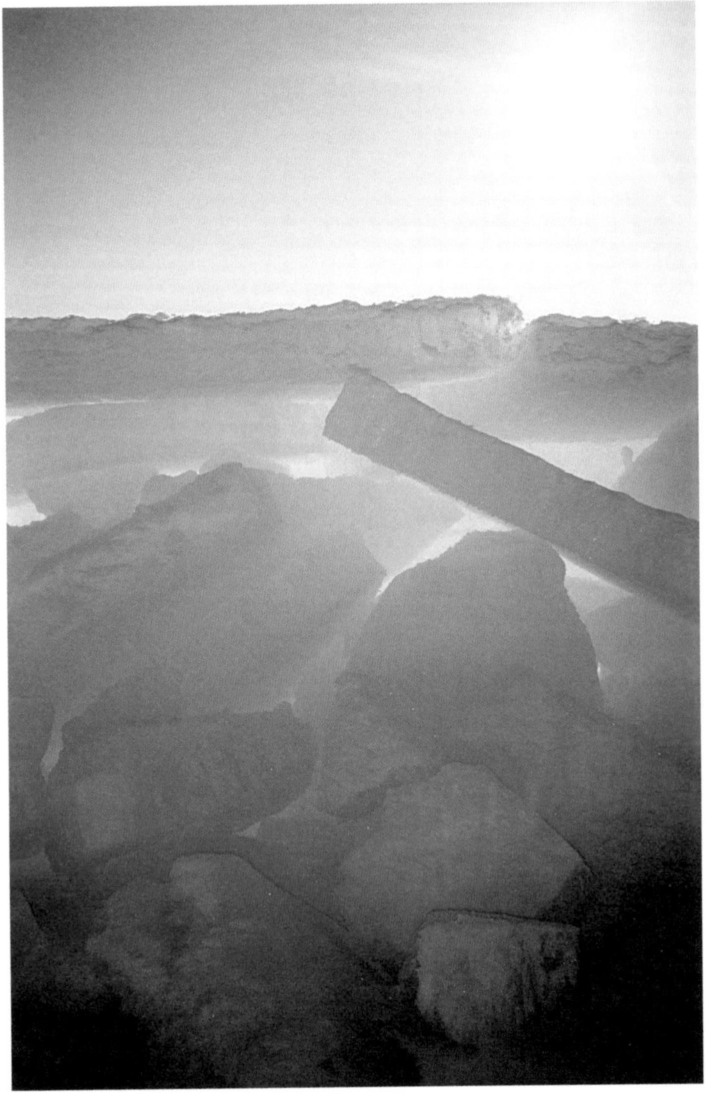

她回答，然後又說：「有時八。」布魯克林接著解釋，當她翻完街上的垃圾桶，尋找食物、飲料和衣服，回到冰屋餵小貓、跟小貓玩，是她最快樂的時刻。還有哼唱八〇年代早期流行歌的時候，她差不多就是那個年代搬進來。她說：「這就叫作『珍惜你所擁有的一切』。」

我問過世界各地許多人這個問題，幾乎每個必須很快給出答案的人都回答七。有一次，我跟女兒到烏干達的卡穆利區（Kamuli）旅行時認識了一個女人，她跟丈夫、七個兒女和母雞住在一個約四十平方呎的小屋裡，屋內只有三張床，沒水沒電，甚至沒有水桶可上廁所。想了想我的問題之後，她也回答七，但後來又改成接近八。她丈夫的答案從頭到尾都是七。他有兩個老婆、十七個小孩。卡穆利有兩個收成季節。兩夫妻說，辛苦了大半年，接近收成時他們會有一種幸福的感覺，尤其是收成好的話。在卡穆利的那三天，我最小的女兒英格麗說，真奇怪，這裡的人怎麼比大多數挪威人快樂許多，儘管我們那麼富有，他們那麼貧窮。事實上，要是去問挪威人，幾乎每個人（包括我自己）給自己的打的快樂分數都是七，有時是八。[9]

假如忘了感覺快樂和沮喪的差別有多小，我一定會想起二十一歲那年從加勒比海歸來的經驗。當時我身旁還有跟我同年的朋友霍克·瓦爾和亞恩·索斯塔。我們在亞述群島（Azores）以北的海面上遇到惡劣的天氣，三十五呎長的帆船嚴重受創。強風把船帆撕成碎片，桅杆前的艙蓋被打落水，船隨時會沉沒。在這種情況下，唯一的希望就是抓著水桶驚慌失措的三個大男孩，於是我們硬著頭皮想辦法阻止船隻沉下去。

這種時候，人的心情會比平常變化更快。首先，眼睜睜看著前艙蓋被沖進大海，船開始進水，我們感到絕望無比。接著，我們在海面上找到了艙蓋，因此得以把水弄出船外。後來，一道滔天巨浪捲走了主帆，由於船上沒有引擎，情況顯得更危急，再加上廁所堵住，唯一的烹調器具又壞掉，我們完完全全不知所措。之後我們只能靠生醃牛肉、濕掉的餅乾和生馬鈴薯果腹，要方便的時候就把自己吊到船外。你可以想像，我們終於抵達英格蘭西南方德文郡的小漁村布里克瑟姆（Brixham）時有多高興。打從離開亞速群島十五天以來，我們終於再度踏上堅硬的土地，坐下來喝口水也不用擔心全身濕透。重點是，無論是順境或逆境，所有狀態終究會過去。陷入逆境時，通常只要撐過去就行了。

「我要不快樂，要不就不快樂，如此而已。」奧地利哲學家維根斯坦（Ludwig Wittgenstein）寫道。他對快樂的定義，就是我們從加勒比海回航途中的寫照。前一秒我們宛如置身天堂，下一秒就墜入地獄。[10]

希臘哲學家蘇格拉底說了一個大自然給我們痛苦有其好處的故事。蘇格拉底被捕並戴上腳鍊。當腳鍊終於被拿掉時，他回想起之前腿有多痛，如今能拿掉真是太好了。蘇格拉底很清楚快樂和痛苦之間的關係，以及兩種感覺是如何互補，一者引發另一者並互相追著跑。[11]

我很少體會到比前往北極途中更幸福的時刻，儘管那裡的溫度降到零下五十度，每天的食物一成不變。但我可以在帳篷裡躺下來，感覺暖意流入身體，還有吃東西減輕強烈的飢餓感。那時候，我知道蘇格拉底說得沒錯。我毫不懷疑自己的身心狀況良好，吃著我吃過最美味的食物。直到今天我都這麼相信。

挪威作家克努特．漢姆森（Knut Hamsun）在《流浪者在無聲的弦上演奏》（*Wanderer Plays on Muted Strings*）一書中，說了一名囚犯被帶往刑場的故事。他坐在運囚車上，有根鐵釘扎著他的臀部，很不舒服。換了位置之後，他立刻覺得好多了。開心的時刻或美好的經驗是我們都會有的時光，漢姆森下了這個結論。[12]

亞里斯多德認為人生必須從整體來看。如果一個人實現了潛能，就會擁有幸福的人生。換句話說，結局要等到最後一刻才知道。我同意這個看法，無論是身為探險家或父親都是。衡量一件事是否成功，只能把眼光放遠來看。同時我也喜歡偶爾停下腳步，對現況感到心滿意足。例如，寒冬將盡大地回暖的時候、女兒開心抱住我的時候、觀賞一場精彩足球賽的時候，生命如此美好，我感到幸福。

9 學會獨處

過去和未來合而為一，微小的事物浮現不同的定義。

比起獨自前往南極途中，我在人群中反而感覺更加寂寞。在冰天雪地中，與世隔絕一千公里時，我很少想念他人的陪伴。偶爾我會想念肌膚的接觸，但也僅止於此。自己的內心、對自然的體驗，還有一步接著一步重複無數次前進的節奏，對我來說已經足夠。一九八六年夏天，我第一次獨自前往紐約，身無分文，一個認識的人都沒有，孤單的感覺壓得我喘不過氣。

周圍都是人的時候，能夠提醒你實際上你有多寂寞。前往南極的途中，我完全切斷跟外界的聯繫，或許這是我比較不想念人際接觸的原因。無法用無線電或電話跟外界聯繫，讓我鬆了一大口氣。要是仍然維持聯繫，我有一部分的意識就永遠離不開挪威，那麼一

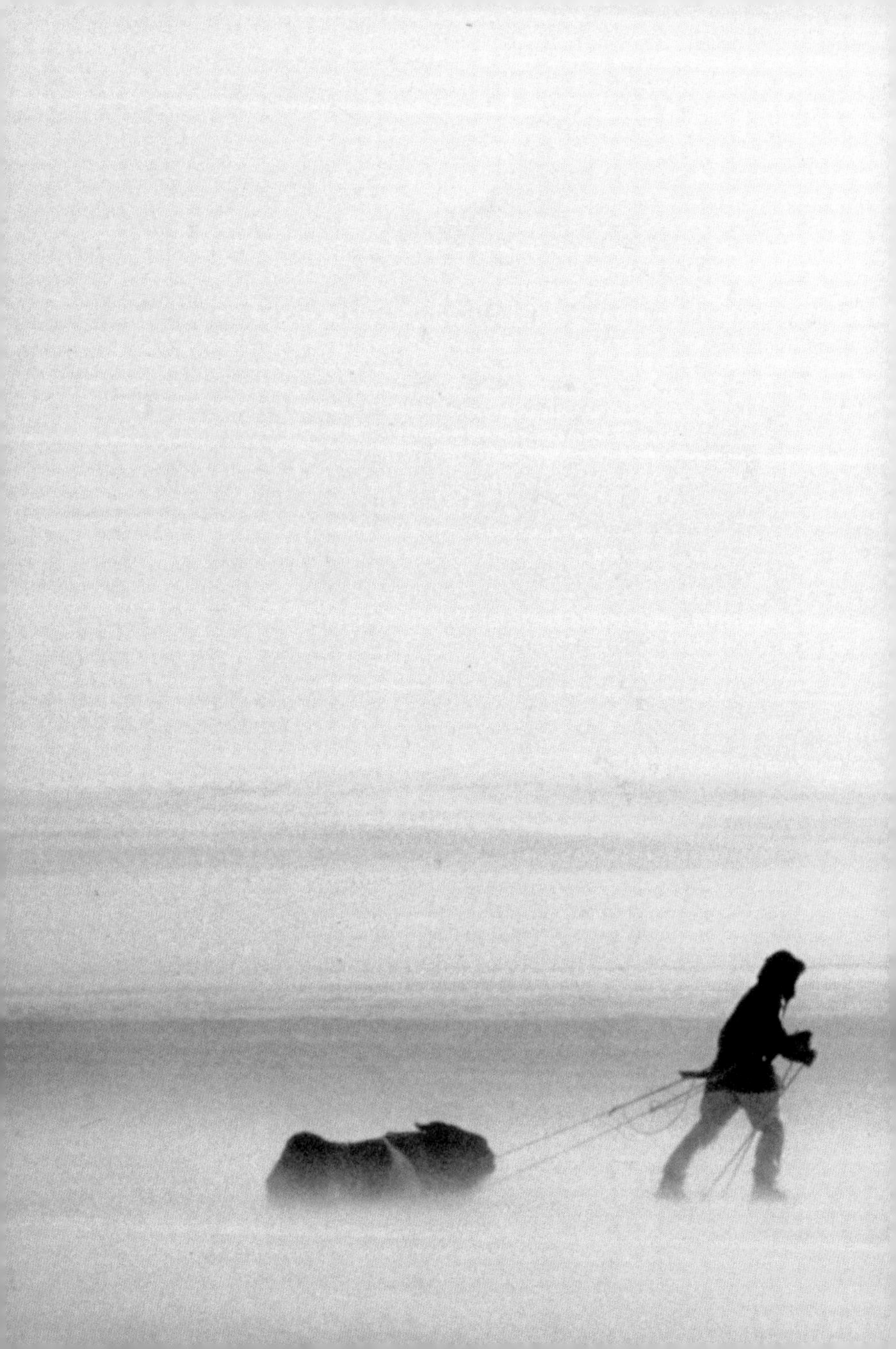

來，我會錯失很多這段旅程賜予我的東西。

在旅程途中，我想起把自己當作生活的中心這件事有多麼重要，也就是不要透過別人而活。過去和未來合而為一，微小的事物浮現不同的定義。只剩下此刻當下。沒有電視影集，沒有廣告，沒有新聞，沒有名人八卦，再也不需要考慮別人，只剩下無邊無際一路延伸到地平線的大片雪白。太陽和藍天二十四小時（幾乎）不間斷。那樣的生活給人巨大無比的自由感受——孤獨的自由，還有追逐夢想的自由。

挪威哲學家拉斯・史文德森（Lars Svendsen）在《孤獨的哲學》（*The Philosophy of Loneliness*）中寫道：「孤獨本身當然不是一種資產，往往感覺像是一種負擔，但也同時具有潛力。每個人都會孤獨，有些人比其他人的感受更強烈，但誰都逃不過這種感覺。」[1] 古往今來有許多宗教和哲學系統都強調，孤獨本身可能並非壞事，但現今很多人不那麼認為。對我來說，重點在於我對孤獨狀態的反應。我是不是能夠用有益的方式利用孤獨，還是只會變得焦躁不安或開始胡思亂想。我常發現自己獨處時，前幾個小時或前幾天會心神不定，但如果能堅持到底，不要任由自己因為受不了孤單而去找伴，或分心去想過去或未來，那麼過一段時間通常就會平靜下來，之後我就能開始享受獨處了。孤獨的感覺跟有時稱為「孤寂」的狀態很類似。

小時候，我不喜歡孤單。通常是因為沒人想跟我玩，於是我將「孤單」跟「心情低落」聯想在一起。跟人在一起會有種安全感，而且一次很多人更好，如果都是同年齡的人就再好不過了。我還記得跟鄰居好友一起玩球的美好回憶。從很多方面來說，我的童年就是透過他人而活。某個程度來說，這很正常。需要與人作伴跟獲得他人的認同，都是人之常情。被迫孤單而非自願選擇孤單，跟選擇跟自己相處的感覺截然不同。小時候，我對於享受獨處沒什麼概念。前往南極途中，還有其他冒險的旅程中，我開始懷疑自己想要某種程度的社交，是因為我真的想一直跟人作伴，還是因為我其實害怕孤單？

十七世紀，法國哲學家暨無聊理論家帕斯卡（Blaise Pascal）撰文探討過人類的離心力。為了避免想起自己的存在在這世上毫無意義，我們幾乎什麼都願意做。而最有效的方式就是忙得團團轉，這樣就不會有時間停下來思考。根據帕斯卡的說法，人類是世上唯一能理解自身處境的動物。出發前往南極之前，我還沒讀過帕斯卡，但他的說法很符合我在旅途中的體悟：我與人社交的動機其實是想逃離自己。這個體悟對我意義重大。

抵達南極之後，有人問我是否在旅程中學到很多。我加強語氣給了肯定的答案。記者接著問我學到了哪些東西，這就沒有簡單明瞭的答案了。我毫不懷疑那五十天是我這輩子學到最多東西的一段時間，但不是所有收穫都能輕易用言語表達。對我來說，這趟旅程早在我踏上南極之前就開始了，至今仍在繼續。幾年後的今天，我仍然無法完整回答那幾個日夜裡，我在冰雪之中學到了什麼。但我可以肯定，在生命中的那段時間，我發現：用有別於往常的方式生活是可能的。獨自一人、在一段無限期的時間內靠自己存活下來，其實並不危險。剛好相反。

回到家之後，我的生活如常繼續。有帳單得付、衣服得洗，家裡的洗衣機壞掉也得請人來修。不同的地方在於，我更加確定生命中什麼對我才重要。我更善於區別真正有意義和意義不大之事，以及分辨哪些人對我是重要的人、哪些不是。我也清楚偶爾我必須獨處，不然很容易忘了自己是誰。

我毫無意願重回南極，在那裡度過餘生。因為我太喜歡家人、朋友、藝術、海洋和森林。如果你去問歷史上任何一位哲學家或思想家對人類需要同伴的看法，幾乎每個人的答案都是：人類生來就不是要獨自過活。我們依賴彼此而存在。

但偶爾知道自己有能力跟自己相處，並且瞭解偶爾獨處對我大有幫助，也挺不錯的。那讓我遠離城市，花點時間省思生命中的挑戰。發現自己終究還是會想念家人、朋友的陪伴，我更體會到他們對我有多重要。我發現獨處讓我對人更好奇，不只是親近的人，陌生人也是。我更懂得傾聽他人、尊重他人，並真心在意他們的憂愁和喜悅。

10

享受小分量的食物

一點點卻滋味無窮，少一些味道更豐富。

有時候擁有太多好東西並非好事，剛剛好就好。

南極之旅的第二十二天，我在日記中寫下：「在家我喜歡大分量，在這裡我學會珍惜小小的快樂。雪的細微顏色變化。輕柔的風。雲的形成。」三個禮拜以來，我完全沒看到或聽到一絲生命的蹤跡。沒有人，沒有動物，也沒有飛機。我已經走了五百公里，前方還有八百公里等著我。剛開始時，我覺得周圍一切都是徹底的雪白、平坦，一路延伸到地平線那頭，而地平線之上是藍色天空。但漸漸地，我開始看到不同的景象。冰雪不再只是白色，而是各式各樣深淺不一的白，還帶著一閃一閃的黃、藍和綠。我慢慢開始看出平坦的不同樣貌。小小的結構仔細一看有如藝術品，還有值得你凝神細看的深淺變化。

「天氣晴朗。壯闊的景色和雪的顏色令我開心。平坦也可以很美，不是只有高山才美。以前我認為藍色是詩，白色是純潔，紅色是熱情，綠色是希望。但在這裡，這樣的分類似乎並不自然。如今，這些顏色全都代表詩、純潔、愛和希望。明天或許藍和白會代表風暴雨和霜雪。」

你對周圍景物的體驗可能隨著時間大幅轉變，即使周圍的景物改變不大。改變的是你腦中的想法。康德認為：「真正神聖的體驗，必須在評斷者的心中尋求，而非激起此種心情的自然物中。」[1]他不是個以熱愛大自然聞名的哲學家，卻非常清楚這裡的重點。美蘊藏在大自然之中，但是要能感受周圍景物不只是美也無比神聖，我們的兩耳之間（而非眼睛所見）一定要經過「轉化」。南極徒步之旅的一開始，在我眼中顯得美麗的景物，時機成熟的時候轉化成神聖的經驗。關鍵在於留心小細節：地平線那頭的山、風、雪的結晶、冰的結構。

南極地區的寂靜比其他地方更深刻，幾乎比所有聲音更能清楚地聽到、感受到。寂靜滔滔不絕。在家永遠有收音機開著、手機嗡嗡響或震動，或是車子經過的聲音。四面八方都是聲音，我幾乎聽不清楚。在南極，當風停下來時，寂靜比在家時還更強大。我在第二十六天的日記裡寫下：「這裡的寂靜占據你所有的注意力。我感受到也聽到了。在這片無邊無際的景色中，一切彷彿都會天長地久，直到永遠。這片無聲的空間並不令人害怕或覺得受到威脅，反而令人覺得安慰。在家我很少注意周圍發生的事，但是在這裡，我卻被環境深深吸引，甚至化為其中的一部分，寂靜也成為我的一部分，變成我可以聆聽的對象。如果還有力氣，我每天都有新發現。我完全跟眼前地平線以外的一切隔絕，所以只能跟周圍的環境相處互動。一週週過去，我對周圍景物的印象愈來愈強烈。我漸漸開始和它們對話，對話內容取決於我能貢獻和理解的東西。那並不是一般意義下的「對話」，但仍是一種交流，我傳出意念也收到了回饋。旅途快到終點時，那天是除夕，我在日記中寫下：

我在大自然中感受到自己的渺小，同時也感受到內在的巨大。我體驗到了恐懼和喜悅、如釋重負和沮喪失望、美麗和痛苦；我問了問題並得到一些答案，感覺自己貼近自然，付出自我也得到了收穫，感受到體力勞動過後的喜悅，也更加確信這世上仍有值得竭盡全力追求的挑戰和夢想。雖然偉大的真理尚未揭曉，但我能夠理解在沙漠度過的時光，對耶穌和佛陀這些偉大領袖有多重要。在這裡，一個人或許會有其他地方沒有的體驗。

事後回想，那種貼近自然的感覺，是我獨自在南極五十天留下的最深刻印象。有時候，文化和自然可能彼此對立，在這樣的旅程中卻不然。我的想像力和語言是把我跟自然環境綁得更緊、而非變

得更疏遠的有用工具。旅程中，我成為冰、雪和風的一部分，周圍環境也逐漸成為我的一部分。在那之前，我大半輩子多半圍繞著重要時刻運轉，而不是這些一般人認為微不足道的時刻。生命就是在消耗物品，還有感受和時間，經常要盡可能用最少的努力得到最大的收穫。旅程中卻往往相反。在冰雪和大海中，還有高山和叢林裡，我學到少可能是多。必須旅行過漫漫長路之後，我才明白；一點點卻滋味無窮，少一些味道更豐富。

或許三十歲才有這種體悟有點太晚了。我還記得小時候，一小塊蛋糕嘗起來比一大塊還美味，但我從未由此得出任何結論。每一口的味道都遜於前一口的味道，而且如果吃太多反而會噁心反胃。這就是經濟學家所謂的報酬遞減法則（Law of diminishing returns）。下次有很多蛋糕可吃的時候，我當然又會狼吞虎嚥。但每當只有一小塊可吃的時候，我會細細品嘗。

偶爾我還是覺得能夠大吃大喝很好，但我很慶幸現在我懂得享受少量食物的美妙。建築師當然很久以前就發現了這點。一般認為，「少即是多」的原則源自德國建築師凡德羅（Mies van der Rohe）。這或許有點不公平，畢竟這句話長久以來在德國建築圈就耳熟能詳，後來才正式歸於凡德羅所創。然而，他是實際應用這個理論的人之一，因此成為現代建築的一股開創性力量。他證明，在建築中好東西多一點不一定成果最好，人生也是一樣。一樣東西的功能和美，應該藉由刪減某些元素來展現。減少元素反而能提高整體的力量。建築上無法每次都用報酬遞減法則來解釋。重點是，只要稍微過度就會毀了原本的建築。

在南極時，我隨時都能選擇自己想要的，跟在家一樣。但跟在家不同的是，我的選擇只有少數幾樣。不在雪橇上的時候，我試著一次至少做兩件事。一邊吃早餐、一邊準備午餐，一邊看書吃飯、一邊將熱水瓶裝滿水，諸如此類。這些多半是清單上的例行公事，沒有更多事需要我選擇或考慮。整體來說，我在雪地裡很有效率，

手腳俐落完成一天該做的事。

在家時，我很重視隨時擁有最多可能的選擇，還有盡可能地有求必應。查看手機，教小孩功課，準備三餐，評估計畫，多多少少都同時進行。愈是投入，我愈有掉到生活之外的感覺。從邏輯的觀點來看，這樣的結果似乎沒什麼不好。問題是，有時候一次做那麼多事、有那麼多選擇，反而給人更多限制。早餐有五種不同的果醬可供選擇，想起來很棒，但也可能選擇過多了，因此很浪費。在旅途中，我當然不想念多樣的選擇，只是每天吃著一樣的食物：燕麥、肉乾、高熱量巧克力、蜂蜜、果乾、不同的油脂、配方奶粉，而且覺得自己胼手胝足贏得了三餐。我愈疲憊，食物的味道愈好。如果不是太冷，我每天晚上都會試著讀一點書。為了節省重量，我帶的書每一公克內含的思想內容愈多愈好，讀過的頁面我則會當成衛生紙再利用。

從冰天雪地的角度來看，美好生活的祕訣是讓喜悅保持簡單。

我沒有因此把簡化生活當成回家後的目標，但我也不認為最大量的選擇自由對我最好。重點在於擁有足夠的選擇，並覺得我能從中選擇對自己最有用的，但又沒有多到讓我無法評估每個選擇的相對好處。毫無選擇和選擇過多，兩者的不同沒有表面上看起來那麼大。兩種情況都會讓我覺得無力，儘管整體來說，我或許寧可毫無選擇。那樣的話，我頂多覺得沮喪，但如果選擇很多又做錯選擇，那麼除了沮喪，我還得面對遺憾。

前往南極的第八天，我發現燕麥粥走味了。我怕吃壞肚子，只好把它丟了。我在日記寫下：「我低頭看著前方的雪，麥片粥流進雪裡，燕麥粒和杏桃乾躺在上面。因為無法任由杏桃乾躺在那裡，我脫下右手套撿起一粒粒的杏桃乾，手很冰，動作很吃力。我把杏桃乾塞進嘴裡，然後戴上手套。嘴中仍留著一絲甜味——我細細品嘗。」一直到這一刻我還記得那個滋味，還有杏桃乾的口感，我毫不懷疑那是我吃過最美味的東西。

我不會因此跟我的小孩說，早餐吃幾顆冰涼的杏桃乾，生命就會更加美好。但我希望她們長大之後不會認為，每一餐都吃大餐的生活最快樂，或是坐在家裡活在對世界的想像中，會比活在真實的世界裡更值得。如果她們問我要怎麼在生活中拿捏大分量和小分量的平衡，我不會有源源不絕的答案。所謂中庸之道，通常不會維持太久，目標可能隔天就改變。儘管如此，努力追求中庸之道仍算得上是件好事。

有年聖誕節，我女兒索薇五歲，拆完禮物之後，她轉頭跟我說：「爹地，我什麼都有了，什麼都不缺！」記得當時我心想，我們全家人那天晚上都從索薇身上學到了東西。偶爾心滿意足地接受生命的樣貌，生命感覺更加富足。

我不時會夢見雪地裡的生活，但不只是一個浪漫或天真的概念，而是我毫不懷疑，那裡的生活就算簡單質樸，卻超乎尋常地豐

富。我覺得我擁有我需要的一切，我是全世界最富有的人，即便我從不去想明天要穿什麼——純粹是因為我沒有多餘的內衣和外衣。

11

接受失敗

失敗是偶爾冒一點風險最自然而然的一個結果。

南美洲的登山先鋒羅德里戈．喬丹（Rodrigo Jordan）告訴我，他在不同的山脈嘗試過攻頂三百五十次，其中大概有一百二十次成功（包括三次從不同路線攀上聖母峰），另外兩百三十次放棄。「這就是為什麼我現在還活著。」他總結道。

我對於他泰然接受自己的失敗感到驚喜。我當然毫不懷疑其中有些既挫折又丟臉，而且會跟著他一輩子，但我不常遇到一個理解成功和失敗不必然相互排斥的人。正好相反，兩者相輔相成，而且都是冒一點險自然會有的結果。如果一個人從不會失敗，可能是因為他一開始冒的風險就不大。目光短淺的人或許會認為，羅德里戈要是不那麼常放棄，就能成功更多次，因為他說不定又能征服好幾

座大山。相反地，目光遠大的人明白，這樣他十之八九會遭遇山難，而且當然也要面臨慘重的失敗。山難要的可能不只是他的命，連跟他一起爬山的人也可能送命。

二十二歲的時候，我相信自己能在股票市場中大賺一筆。有一陣子，我努力用這種方式來籌學費。不幸的是，我的自信和投入的資金，比我累積的知識增加得還要快，股市一崩盤，我也損失慘重。當時我聽都沒聽過「停損」兩個字。我沒能掌握一個最重要的原則：不能對自己的投資太過投入，不然就無法在股票仍有價值時賣出，反而會等到股票跌到谷底才被迫脫手。股市崩盤之後，我嚇出一身冷汗，焦慮到全身難受。如今回想，我已經能把那段時間當作在學校度過的漫長一天，課程包括學會謙虛，還有尊重沒有任何事能一蹴可幾的事實。失敗比成功讓我學到更多。正如弗里喬夫・南森所說：經驗是最好的學校，只是貴得要命。

自行車手藍斯・阿姆斯壯（Lance Armstrong）在《分秒都重要》

（*Every Second Counts*）這本書中說：「痛苦是一時的，放棄卻是一輩子。」[1]我不這麼想。生命原本就是一連串大大小小的失敗。我不認為錯誤和失敗本身是問題，關鍵在於面對錯誤和失敗的方式。有時候失敗也創造了機會。況且，失敗是偶爾冒一點風險最自然而然的一個結果。

有人問十項全能選手戴利．湯普森，失去世界紀錄又無望再奪回、英雄一夕之間「過氣」是什麼感覺。我不記得他的確切回答，但大概是：「我就像一般人，整整哭了一個禮拜。」湯普森直視現實，知道自己不再是運動明星，那已經成為過去式。他接受了事實，難過了一個禮拜，然後把它拋到腦後。[2]重要的是，當世界不再站在你這一邊時，能夠承認、進而趕走悲傷，而不是咬緊牙關忍耐，再來是不讓負面的感受占上風。當你無法接受生命的現實時，往往會產生怨恨之心。不斷後悔沒做的事，無限期躲進自己的殼裡，而不去尋找地平線上的新機會，這樣比較輕鬆。寫下來當然也比真正去做來得簡單。

被解雇、升不了官、離婚、財務損失、背叛、生病、心愛的人過世，大多數人在生命某一刻都會遭受這一類的打擊。這些創傷當然也可能難以復原。然而，我認為低潮多半會帶來新的可能性。我們不時會忘記，生命是一集集組成的連續劇，無論身為父親、出版人和探險家都一樣。我對每一集的評價好壞，取決於我對發生在我身上的事，有無能力和意願做出反應並用心理解。

有時候，失敗經驗太少似乎有礙藝術發展。如果作家的處女作奪得各項大獎，第二本書往往會令人失望。我有個朋友在柏林經營一家畫廊。他告訴我，他會傾其全力幫助剛出道的畫家在展覽和銷售上一舉成功，但他在心底其實希望成功不要來得太快。賣出一些畫是不錯，但不宜太多。他認為：「一夕成名對藝術天分毫無好處。」他當然祝福畫家在人生道路上一帆風順，但同時他也清楚，如果成就來得太快太容易，藝術就會受到傷害。

> 我不知道作曲家貝多芬（1770-1827）失去聽力時心裡怎麼想，或是畫家哥雅（Goya, 1746-1828）如何面對耳朵逐漸聽不見的窘境，還有畫家林布蘭（1606-69）怎麼面對第一任妻子過世，以及後來委託案紛紛取消、終至破產的打擊。這三位藝術家我都很喜歡。我認為貝多芬耳聾之後創作的《第九號交響曲》凌駕大多數的交響曲，而林布蘭一六五六年破產後畫的作品超越了早期的作品，筆觸變得更強烈、顏色更明亮。若是哥雅一七九〇年聽力開始惡化時停止畫畫，我們就永遠看不到讓他舉世聞名的作品了。與世隔絕和失去聽力之後，他似乎才得以將內在的影像、想法和概念傳達到畫布上。

成為出版人之後，我發現自己犯了很多錯誤，但還是勉強維持住出版社的正常運轉。頭幾年，我對自己犯的錯焦慮萬分，例如因為誤判而回絕的好書、不必要的支出，以及有關字體、封面和不同書籍銷售潛能的錯誤判斷。有一天我遇到另一位出版人，他告訴我犯錯對出版人來說是家常便飯。經營事業基本上不可能不犯錯，所以我們的目標應該是不犯同樣的錯誤。

英語有一個我在其他語言中沒碰過的用語：heroic failure（英雄式失敗）。一個人面對失敗的方式很關鍵，如果符合英國人認為的「高尚」，亦即儘管笨拙丟臉卻用盡全力又勇氣可嘉，那甚至可能比目標本身更加令人敬佩。在挪威這樣的國家，人們卻不這麼想，我們要不成功，要不就失敗，不可能去討論那與高不高尚的關係。挪威人只把失敗稱為「失敗」是否太過分了？我認為是。失敗可以代表很多事。如果你跟我們北極之旅的成員藍德比一樣，經過兩年的準備、在零下五十度的雪地裡跋涉十天，卻不幸遇到雪橇從冰脊上掉下去，他的椎間盤也跟著滑出，這樣的結果也不能怪你。

至今我時不時還會對自己造成的失敗感到後悔。年輕時比現在

圖表：後悔的需要

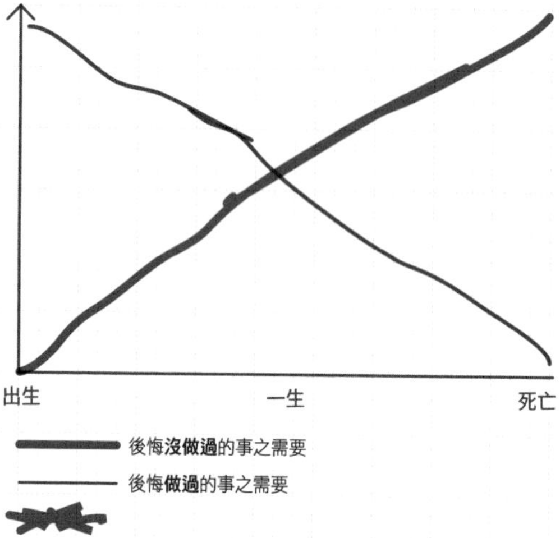
出生
一生
死亡
後悔**沒做過**的事之需要
後悔**做過**的事之需要

還更常如此。我發現我這個年記的人幾乎愈來愈不再這麼做，反而開始後悔自己沒做的事。或許，在生命早期嘗試一些刺激但危險的事也沒那麼笨。或許到頭來，過去的錯誤和失敗都會成為刺激我們成長的最大養分。

12

在責任中找到自由

如果我選擇了一條阻力最小的路，那並不是自由。

小時候，我三不五時就會夢想有一天能擺脫所有的責任和期望，自由自在地過活。再也不用打掃房間或剪頭髮，不愁沒錢花，也不用去上學。更小的時候，我甚至相信只要我有錢、能夠想買多少糖果就買多少，生命就太美好了。幾年前，我看到自己的孩子多多少少也經歷類似的階段。她們活在「芭比娃娃經濟」當中，其中最重要的變數，就是手邊有幾隻芭比娃娃。沒有責任的人生似乎是終極的目標。

我心裡至今仍有一個小小的聲音，不斷要我選擇最輕鬆的一條路。去看電影而不是探望家人；延後回訊息，只對自己、不對任何人負責。總而言之，就是一種「輕鬆過活」的態度。奧地利精神病學家維克多・法蘭可（Viktor E. Frankl）曾在納粹集中營中存活多年，他對於那段經驗的描述，從我讀過之後就烙印在我心中：「知道為何而活的人，如何痛苦都能忍受。」他在一九四六年出版的《活出意義來》（*Man's Search for Meaning*）中說，我們不該祈求生命一帆風順，因為生命在各種狀況下都有創造意義的潛能。而意義來自善加利用我們所在的處境。[1]

這不代表每次遭遇困難，我們都得逆來順受，也不表示有時我們不能任由自己痛苦、悲傷。我認為人類的本性無法安於現況太久，不斷改變和沿途進步才是我們的目標。十九世紀的德國詩人荷爾德林（Friedrich Hölderlin）曾在《海柏利昂》（*Hyperion*）一書中說，沒有任何行動或想法持續得如你希望的那麼久。「人永遠無法滿足，這就是人類的不凡之處。」他指的是一種優勢。[2]

我之所以否定「人生的責任愈少愈好」這個概念，原因是後來我才明白，責任是活得更自由的關鍵。如果我選擇了一條阻力最小

的路，那並不是自由。假如我逃避責任，每次走到人生的十字路口，我都會選擇最輕鬆的那一條路。要是我要找的只是最輕鬆的一條路，那麼無論選擇是大是小，我的選擇都早已註定。於是，對自由的渴望成了我的鐐銬。

換句話說，過去我所認為的自由生活（偶爾那對我還是有吸引力），也就是無時無刻都能隨心所欲，包括狂歡、讀書、工作、滑雪、邀女生出去，如今不再顯得自由。甚至多數時候，那很像一種狂妄自大的生活方式。美國作家大衛・福斯特・華萊士（David Foster Wallace）到俄亥俄州凱尼恩學院演講時，跟莘莘學子談起留意眼前發生的事、避免沉浸於抽象概念的重要性。自由的生活應該包含紀律、專注和覺察，當然還有好奇心。真正的自由是能夠「關心他人，每天用各種瑣碎無趣的方式一再為他們犧牲」。[3]每次讀到最後這句話，我都會停下來想一想。根據華萊士的說法，這裡的挑戰便是如何從自身的經驗中找到意義。

責任和重擔賦予生命血肉。只選擇最輕鬆的那條路，必定會淘空生命的血肉。如果你的生命對其他人毫無影響，那麼長遠來看，生命對你也不會有太大的意義。很多人說，能夠選擇正確的道路需要智慧和經驗。但我有時會想，其實人光憑直覺就可以知道很多事，困難之處在於選擇，無論我們多老或多有智慧都一樣。

正如華萊士對學生說的，扛起責任有時候並不容易，但「我祝福你們除了幸運，還會獲得其他更多東西」。

13

把彈性變成一種習慣

有一些固定的行為模式，當你衝動行事時就會更樂在其中。

一九九〇年代末，資訊科技浪潮正值顛峰之際，哲學家拉斯・史文德森應一家歐洲頂尖電信公司之邀，交出一份報告。他的任務是調查公司員工如何養成習慣，而這些習慣又可以如何打破。這家公司剛成立一個新的總部，亟需確保員工不會將舊習慣帶到新的工作場所。

史文德森面臨的問題是，他想不出少了由例行公事養成的習慣，要如何管理公司。習慣的養成是創造力的特徵。「為習慣平反吧。」這是他的結論。[1]

或許這家公司的主管讀了太多康德。康德說得清清楚楚，人應該避免養成習慣，因為習慣有礙自由和獨立。康德把習慣比喻成一種枷鎖，其意義類似一件穿在身上難以擺脫的約束衣。或者，公司主管只是遵循他在某本商業書上讀到的建議。沒人知道。但我的經驗是，我愈能把肩負的責任變成例行公事，就有愈多時間做其他事情和思考。

康德儘管公開表示對習慣抱持懷疑的態度，但他自己徹徹底底是習慣的動物，而且生產力和創造力都很驚人。在學校學的康德我多半都忘了，只記得柯尼斯堡（Königsberg，現在改名為加里寧格勒〔Kaliningrad〕，康德在這裡住了一輩子）的居民能夠根據他每日固定的散步時間來調整手錶。[2]

另一位較難理解的哲學家黑格爾，很大程度以康德的作品為根基，建立了自己的理論。他形容習慣是我們的「第二天性」，意思是它並非天生的人格特質，而是後天不知不覺中形成的。他強調習慣是好的，人類依靠習慣才能正常運作。

說到探險，我會在出發之前盡可能熟悉自己負責的工作，是一種幾近黑格爾式的偏執。當然，對我而言，其中的實際考量多於哲學思考。在山上或雪地裡，一天之中要做很多選擇，所以我要面對的問題愈少愈好。之前說過，每天我都得在同樣的時間醒來，早上的例行公事得在一定的時間內完成。為了達成這個目標，我至少必須同時做兩件事。比方融化冰雪製作飲料的同時，一邊修理該修的器具。還有每天拔營之後，我做的最後一件事，都是轉頭看看自己有沒有忘了什麼。這件事非常重要，因為為了減少重量，我很少帶備分，只有一個重一千二百五十六克的工具箱，甚至沒有多餘的手套，而且我絕不會把外來的東西留在荒野裡。這個習慣永遠跟著我。每次離開桌子或房間，我都會自動環顧四周，看我有沒有忘了什麼。之後，我連續走兩小時再休息十分鐘，到第九分鐘時我已經準備好再出發，這樣就不會浪費時間。每天我都在預定的時間結束一天行程，紮好營之後撥掉衣服上的冰雪和水分才爬進帳篷。吃飽、看過書之後，我就躺下來睡覺，每天都在同一個時間。

這麼嚴格地按表操課，表面上看來或許很僵化沒彈性，對我來說，卻為一個舒服的節奏和沿途的內在平靜立下了基礎。狂風暴雨或零下四、五十度的霜雪像鋼絲鉗摧殘你的身體時，或者身體累到無法聽從命令時，有例行公事作為依靠，就至關緊要了。此外，有一些固定的行為模式，當你衝動行事時就會更樂在其中。習慣意味著，當我承受壓力、很難清晰思考的時候，我不用思考就知道要做什麼，因為藉由習慣的力量，我已經知道要把體力集中在哪些行動。我發現這在工作上一樣好用，以及當孩子還小、我連續好幾晚不能睡覺的時候。不用多想就知道自己掌握了基本原則，能給人安心的感覺，尤其是事情變棘手時。

習慣當然也可能帶來不幸的後果。如果一味堅守習慣，可能教人錯失許多機會，而且走火入魔到滑稽的程度。譬如有個關於墨西哥大地震的故事。故事發生在一九八五年，一個男人在斷垣殘壁下被尋獲，卻不願爬出來，理由是「我沒辦法，因為沒穿衣服」。穿好衣服才見人的習慣太過根深柢固，因此他根本無法想像自己沒穿衣服爬出來。

出於好奇，我有時會想像一個人如果太堅持習慣、以致失去個性會如何。如果他們變成例行公事的奴隸，做什麼事都很容易預測，那麼在工作上或朋友圈很容易就會被取代，回到家面對伴侶和小孩也一樣，沒有人會察覺他們在或不在有任何不同。或許康德或史文德森的雇主擔心的就是這樣的結果？

相反地，不難想像什麼事都想與眾不同、無時無刻都要標新立異的一個人，會因為如此意氣用事，永遠無法遵守時間。這樣特立獨行的人隨時要表達自己有多麼「不同反響」。諷刺的是，我認為這樣的人再怎麼努力，到頭來還是走不出窠臼，甚至被取代也不會有人發現，因為這種行為自然也是一種習慣。

最有趣的藝術家作息幾乎都很固定，至少在創作期間，但還不至於像我在探險途中那麼極端——一大早起床又嚴格地按表操課。刻板印象中那種喝酒嗑藥、對固定工作程序和適應能力毫無概念的藝術家，世上也有，但沒有我們以為的那麼常見。至少根據我的經驗，藝術家很少在這樣的「逃避」時期創造出偉大的藝術作品。丹麥裔的冰島藝術家奧拉弗·艾里亞森（Olafur Eliasson）通常每天早上八點半抵達工作室。他會先射箭半小時，讓腦袋不去想其他事，再開始扎扎實實地工作。他把規律作息省下的時間，用來發揮創造力。[3]

現在，身為出版人和三個孩子的父親，我不再像探險途中那麼在意有沒有按表操課。儘管如此，我相信即使在一間重視創意的出版社，習慣和例行公事也完全必要。原稿要經過評估、修改、潤飾，至少經過兩次校對，所有的編輯工作才算完成。偷工減料或尋找其他有創意的方式並沒有意義。合約和截稿期限都必須認真看待。種種例行公事給予我和同事偶爾衝動行事的空間，比方做出驚人的決策、生出新的出版構想，以及評估新的可能性。因為這麼做，同事獲得更多快樂，身為雇主和股東的我也一樣。辦公室用這種方式運作也更加有趣。但願如此。

習慣還有一面往往給我帶來樂趣，那是時常需要任性而為或與眾不同的人無法享受的樂趣——就是偶爾在對的時機不甩常規的開心、痛快。

14

別把好運留給運氣決定

偶爾一次的好運跟按部就班的好運，兩者有很大的不同。

客觀說來，我在滑雪、開船和登山這些活動上，體力和能力都不如人。沒人相信我竟然可以開出版社，出版社成立多年後，仍有許多人表示懷疑。嚴格說來，我跟有類似夢想的人比起來只有兩個優勢：一是我很努力嘗試；二是我很擅長做好準備，比一些人好一點，比其他人好很多。如此一來，一旦上路，我就輕鬆許多。肌肉和聰明才智不如人的地方，我會想辦法從別的地方彌補回來，而不是兩手一攤，什麼都不做。

「成功留給準備好的人，這叫好運。至於不及時採取必要行動的人，失敗是必然，這叫壞運。」

這段話是羅爾德．阿蒙森敘述他如何成為抵達南極第一人的過程。話說得張狂，卻十分精確。阿蒙森只相信自己的狗和夥伴，他的對手較沒經驗卻很有自信，同時結合馬匹、動力車、狗群和人力以分散風險。一天的行程能否順利展開，其實早上離開帳篷之前即已決定。說不定甚至在探險展開之前就已決定。[1]

挪威藝術家雅各布・魏德曼（Jakob Widemann）是我們北極之旅的主要贊助人。出發之前，他曾跟蓋爾、博格和我說：「你們要是成功，大家都會認為是你們運氣好，碰上了好天氣。」我聽過就忘了，也沒多想，直到回來後不斷有人問我們是不是好運，剛好碰上好天氣。魏德曼是個睿智的人。常有人問我，會成為探險家是不是因為運氣好。

運氣好跟比別人聰明或體能過人無關。相反地，運氣其實關乎我們的行為方式，還有想法及感受。當然也有可能純粹是運氣好，僥倖成就了某件事。例如，披頭四樂團的鼓手林哥・史達（Ringo Starr）是個很酷的人，也是名好鼓手，剛好在正確的時間出現在正確的地方。另外，有個樂透得主選擇押四十八這個數字，因為他連續七晚夢到了數字七，而七乘七是四十八……對吧？呃，其實不對，但無論如何他押了這個數字。[2]

但偶爾一次的好運跟按部就班的好運，兩者有很大的不同。我感興趣的是後者，因為要說阿蒙森和無數像他這樣的人都擁有類似好運的東西，肯定說得通，就像你可以說，好水手都有碰到順風的好運氣。想想世界上一些成功的發明，如攝影、胰島素、盤尼西林、人造氮氣和避孕藥，似乎都是意外的發明。

理想的狀況下，我應該為所有可能的狀況做好準備，但很難想像有可能做得到。你可以為死亡做準備。但情況會改變，而我對不同情況的反應能力，取決於途中我能運用的時間。預料之外和難以應付的狀況隨時會發生，但目標一定是減少這類狀況。如果這方面我成功了，當始料未及的狀況出現時，我就有足夠的力量和資源去

克服挑戰。

每次出發探險之前，光是決定要穿什麼鞋子就是一大工程。挪威有句話說：腳暖了，心就靜了。阿蒙森把找出完美的鞋具稱作「大目標」，他花了兩年的時間設計和試穿靴子，才前往南極。

終於上路時，瞭解自己已經事先做好所有能做的準備，心裡總有某程度的平靜滿足。當我做足功課之後，大多時候我會覺得自己招來了好運，各種可能性追著我跑。也有些時候，如果我準備不夠，會覺得自己永遠是防守的一方，一個問題還沒解決，另一個又冒出來。這種時候就覺得惡運彷彿在後面跟蹤我。

每次旅程出發之前，我早就為準備工作焦慮了一個又一個夜晚。有些或許是不必要的擔憂，但是肯定要比不焦慮來得好。《哈姆雷特》（*Hamlet*）裡的雷爾提斯即將跟妹妹歐菲莉亞分別時曾經告戒她：「當心啊，恐懼是最好的安全網。」[3]我認為這是給心愛之人的一個好忠告。

我如果太相信自己，就會變得太過自信，欠缺自我批評，那麼一來，很容易忽略我應該注意到的小事（有時也不一定那麼小）。整體來說，有點焦慮是必要的，不只是事先準備的時候，目標達成之後也是一樣。根據我的經驗，大多數意外都發生在下山途中、攻頂之後開心又得意的時候。身為出版人，我永遠沒有抵達終極目標的一天，也隨時避免把事情視為理所當然，我試著在每天的活動中適度撒些憂慮的調味料。當我開始覺得一切都在掌控中的那天，公司最起碼也還有一個問題，那就是……我。

準備其實就是預見困難。艾力克斯・霍諾德攀岩之前會試著想像所有的可能性，因為他不想要爬到一半突然嚇到：「哇！我從沒想過要是從這裡摔下去會送命。」[4]很聰明。不過話說回來，一旦上路，我就不再害怕遇到困難，直到真正遇到困難。有太多事可能出錯，先擔心起來放只會害人洩氣。而且大多時候，出現的問題都不是我擔心的問題。要是我為每一種可能的狀況擔憂，害怕自己能

準備的畢竟有限，那麼我很可能會開始找各種一開始就不該出發的藉口。況且，正如英國單人長程帆船手艾倫．麥克亞瑟（Ellen MacArthur）的睿智觀察：「你在暴風雨中不會害怕喪命，因為沒有擔心的餘裕。」

對我而言，正面思考也是我的準備工作。我有一個小雖小、但至關緊要的認知，我認為完全是我自己摸索出來的。我只是下定決心，一旦開始就不去想負面的結果：「這就是我要追求的目標，我要用心、用腦袋去完成，直到證明它不可行為止。」這在小事跟大事上面一樣適用。冒險途中不乏詛咒飆罵的好理由，但這麼做可能輕易激起負面的心態。

有時候我認為，我們花太少時間為人生的重要決定做準備，卻浪費時間在為小事情煩惱。一九九〇年代末，我跟女友決定買房子建立家庭。我很驚訝那些在其他方面很冷靜的人，竟然匆匆看了一次房子就開始出價。對大多數人來說，買房子是一生中最大的投資，但我的印象是，多數人單單靠第一印象、房仲的話和銷售手冊來做判斷。並不是說第一印象不重要，但我認為查看地下室是否很潮濕，也不是壞事。

這些年來，很多人要我指引他們創業的方向，但是有更多人詢問我對於探險計畫的建議。從他們的問題，我很快就能猜到他們會不會有好運碰到好天氣。很多事情甚至在他們出發前就已經決定了。壞運當然可能降臨在每個人身上，比方一週接著一週遇到暴風雨，推出一本大書時剛好碰到媒體罷工，外表可靠的人打破你的信任、棄你於不顧。但我要說的是，人隨時會遭遇困境，重點在於，在這之前你做了什麼，事情發生時你又如何反應。

15 讓目標追著你跑

愈是把成功當作目標，你愈可能得不到它。

我常聽人說，要達成目標，就要鉅細靡遺地想像成功對你的生活造成的各種不同影響，具體寫下你想達成某個目標的原因。或許某些時候這個方法有用，但我傾向這不一定是最好的方式。說到極地探險，我當然不認為有那麼簡單。攀登聖母峰很瘋狂，徒步走去極地也一樣瘋狂，因此要用理性的方式完整解釋那股渴望很困難。那很像哲學家和登山家阿恩．奈斯有次回答記者的話。記者問他當初為何會開始爬山，他回答：「你為什麼不再爬山？」

事實上，我們做任何事很少只有一個理由。有些動機在出發前就很明確，例如好奇心、愛冒險的天性、熱愛大自然、想獲得肯定（我當然不是為了登上國際版《時代》雜誌的封面才前往南極，但

說實在的，看到自己上了封面也挺不錯的）。是這些動機促使我們採取行動，其他動機往往之後才會浮現。在家庭生活中，我也很難確定自己做某些事是出於對家庭的愛、責任感、為自己著想，還是其他不明確的原因。

儘管有些動機沒那麼容易確認，或者會因個人狀況而異，根據我自身的經驗和我遇到的人，我相信某一些動機幾乎埋藏在所有的探險背後。在廣闊的天地下，轉瞬即逝的經驗可以跟永恆相比擬。十分之幾秒可能感覺像是永遠。當我在雪地中橫越一道危險的裂縫時，或眨眼間被某個自然體驗迷住時，過去和未來都不再有意義。剎那和永恆不必然相互對立。時間被放逐了，人可能在同一時刻經驗到兩者。

這樣的經驗或許是走路好過開車、航行勝過飛行的好理由。下定決心靠自己的力量抵達某處，慢慢體驗這段旅程，而不是一路奔向終點，會讓旅程變得更豐富。要是德爾菲神諭在古希臘透過電話就能求得，我認為人們還是會為了求神問卜，跋山涉水到帕爾納斯山（Parnassus）。爬上山是一種不同的體驗，可以將景色盡收眼底，並在接近山頂時以某種方式感受天堂漸漸開啟。我相信登山的人多半都能理解，為什麼神明大多來自天上。

這種想確認自己真正活著的需要，也是驅策我在文明世界努力生活的力量。我想有「掌控」遊戲的感覺，也就是能擺脫一件事去做另一件事，而且對結果能發揮決定性的影響。

「為什麼獨自走去南極，而不是坐直升機？」我從不在出發之前問自己這種問題。探險家通常更習慣問「怎麼做」，而不是「為什麼」。對我來說，前者理所當然比後者更值得問。嚴寒、冷風和邁出的所有步伐，本身就是目的。

我常覺得，我們真正的目標，也就是指引並形塑我們生活的目標，並不是我們用紙筆和手上鉅細靡遺的五年計畫主動去追求的目

標。依照我的經驗，我們真正的目標是一直潛伏在背景中的目標。或許尚未完整，或許沒什麼道理，但我們就是甩不掉。那些目標彷彿追著我們跑，根據我的經驗，它們才是最有可能改變我們人生方向的目標。

人生的前幾十年，我都在追逐不同的目標。小時候，我想跟其他小孩一樣，這本身就是一個目標。我一要像誰一樣伶牙俐齒，二要跟誰一樣有錢，三要跟誰一樣會踢球，四要跟誰一樣帥，五要跟誰一樣討人喜歡。五個遠大的目標。但過一陣子我發現，我一個目標也達不成，其他人也是。有理想抱負是一回事，夢想成為誰誰誰又是另一回事。人類彼此之間的差異太大，你跟你想模仿的人同時都在改變，不斷地改變。你很容易就不再是原來的那個你。小時候，我追逐的目標不是我真正的目標，因此我就像索爾·海爾達的朋友一樣，永遠不可能達成那些目標。

二十幾歲時，我漸漸發現目標會把我給活活壓垮。我轉移注意力，開始思考潛藏在內心深處的目標，那些我曾經排斥卻從來不曾離我而去的目標。成為探險家對我來說，就像走上一條命定之路。

小時候，阿蒙森睡覺時都把窗戶開得很大，即使嚴冬裡也一樣，因為他夢想成為史上走向北極的第一人，所以要提前做好準備。然而，一九〇九年，美國探險家弗雷德里克·庫克（Frederick Cook）從北極圈歸來，聲稱自己已經在一九〇八年抵達北極。過不久，美國探險家羅伯·皮里（Robert Peary）稱第一個抵達北極的人是他，不是庫克。夢想破碎的阿蒙森失望至極，但沒有持續太久。他腦中很快浮現走路去南極的想法，畢竟他早就為極地探險做好充分準備。說他的目標轉了一百八十度也不誇張。於是一九一一年十二月十四日走到南極時，他說了這麼一句冷笑話：「從來沒人像我這樣，站在自己夢想目的地的正對面。」

十三世紀的諷刺作家納斯雷丁（Mullah Nasruddin），據說為蘇菲文化注入了許多幽默和智慧。他說了一個不同於阿蒙森的故事。有一次，有人看到穆拉（譯註：伊斯蘭世界對伊斯蘭神學家的尊稱）在家門外的地上找東西，對方問他在找什麼，納斯雷丁答說他在找鑰匙。對方也幫忙一起找，但後來又問他：「你到底把鑰匙掉在哪裡？」

穆拉開心地說：「家裡啊。」

「那為什麼要在這裡找呢？」男人不解地問。

「因為這裡比屋裡亮啊。」穆拉說。[1]

納斯雷丁找錯了地方。這有點像一心想成為暢銷作家，卻忽略了自己得先寫出一整本書的人，或是想成為作家卻堅持同時寫兩本書的人，意思是他們哪一本都完成不了。我自己也犯過幾次這樣的錯誤，尤其是剛開始踏進女生的奇特世界中冒險的青春期。通常我都很不怕死地直接邀女生出去，然後被拒絕。反覆試驗過後，我才漸漸明白，或許我應該先讓自己變得有魅力。

同樣地，要收藏藝術品，首先我得看過很多藝術品，感人的、有挑戰性的、令人不安的、挑逗的、好笑的、反常的、難懂的，還有我往往無法理解的古怪藝術品。我花了很多年逛美術館和博物館。累積一些知識後，我得賺足夠的錢買藝術品。另外，我還要看很多書，認識藝廊老闆和藝術家，直到我逐漸理解什麼才是好作品。那段過程很漫長。好的藝術跟好的小說很像：有些說了，有些沒說，最後有些也未解釋清楚。「買藝術品要依靠自己的直覺……在品質上絕不妥協。」這是瑞士傳奇藝術品交易商恩斯特・貝耶勒（Ernst Beyeler）的建議。[2] 有一天，你會覺得偉大的藝術品彷彿在追著你跑，而不是反過來。

在《活出意義來》第七十三版的前言中，維克多・法蘭可描述了他用九天寫完這本書的過程。他很驚訝書出版後會暢銷不墜。或許，正是因為商業成功不是他的首要目標。他專注於寫出一本符合自己標準的好書和重要的書，而不只是一本受歡迎的書。就像他自己說的：「成功跟幸福一樣，追求不來。」愈是把成功當作目標，你愈可能得不到它。對法蘭可來說，成功只是他追求更大目標的一個副作用，它會追著他跑，是因為他「已經忘了它」。[3]

當然，沒有達成目標的速成方式，無論是翻轉人生的大目標或其他種類的目標。我不一定每次都能達成目標，但我認為回顧過去的抱負理想一定有所幫助。包括我沒實現的理想，例如被心儀的女生拒絕、差點在大西洋溺水、在股市投機失利、沒學會該有的本領就想一眨眼賺到錢。還有我實現的理想。理論上，成功的法則很簡單。當我爬到最高點卻突然放棄一切，或選擇較長卻也較豐富的路線時，目標往往會靠得更近，幾乎彷彿自己朝我走了過來。

Richard Prince
Untitled (Silver pool float), 1995

16

重新設定你的指南針

問問自己：我現在在哪裡？

一九八五年，經過二十四場廝殺，加里·卡斯帕洛夫（Gary Kasparov）打敗阿納托利·卡爾波夫（Anatoly Karpov），成為史上最年輕的西洋棋冠軍。得勝後他第一個交談的對象是羅娜·彼得羅辛（Rona Petrosian），前世界冠軍提格蘭·彼得羅辛（Tigran Petrosian）的遺孀。

「我為你感到難過，」她說：「因為你生命中最美好的一天過去了。」

由於天分、堅定的訓練，還有一個過度保護他並為他阻擋其他誘惑的母親，卡斯帕洛夫在二十二歲的青澀年紀，就實現了人生的終極目標。他以為自己只會欣喜若狂，卻很快感到茫然。接下來呢？基本上，卡斯帕洛夫需要的是一個全新的夢想。他自己稱這種處境為「冠軍的困境」。[1]西洋棋是一種複雜的運動，開局走三步之後就有九百萬個可能的走法。不過比起棋盤，每個生命的可能性甚至更多。

馬格努斯．卡爾森（Magnus Carlsen）在二〇一三年成為世界西洋棋冠軍。摘冠後不久，敝社出版了一本關於他西洋棋生涯的書籍。寫作期間我問他，當愈來愈多的夢想一一實現，他要怎麼繼續保持動力。卡爾森想不出好答案。二〇一九年三月，陸續摘下幾屆世界冠軍之後，我又問了他同樣的問題。這次他有了答案：「我的動力就是學習。我覺得西洋棋還有許多我不知道的事可學。」有趣的是，他同時也懷疑這些新知識對他來說是不是優勢。「我不知道那會不會幫助我把棋下得更好。」也有可能反而是知識過量。我感覺，他一想到六年前自己贏得世界冠軍時對西洋棋的理解有多貧乏，他幾乎感到不可思議。

我有很多探險同好都有個共通的問題，他們的野心停留在達成單一的目標，例如登上某座高山或抵達某個地方。這有點像卡斯帕洛夫的狀況，一心想著成為世界冠軍，然而一旦達成目標，就可能迎來同樣的失落感。我數不清聽過多少次探險家達到目標後感到空虛不已的故事。一路上興奮期待，一旦失去努力的目標，心情卻直墜而下。這我自己也有過親身經驗。還記得抵達南極時，我覺得自己彷彿站在彩虹的盡頭，幾乎忘了我還有其他夢想。

達成新目標對我來說變得重要無比。挪威哲學家彼得．韋瑟爾．札普（Peter Wessel Zapffe）寫下可稱為「探險家困境」的狀況。探險家的生命難以避免會以悲劇收場。先是達成了超群絕倫的目標，大眾於是對他寄予更多期待，到了某個時刻，探險家無法或不願再去嘗試，不久就被世人遺忘。正如完成偉大冒險之後的阿蒙森、努力完成更困難的挑戰卻不幸失敗的探險家，或是為了讓自己的成就更引人矚目而開始造假的人。

我的目標是登上第三極，也就是聖母峰，成為世界上第一個抵達三極的人。這並不表示，這些探險對我來說只是個人的成就。我相信探索自然世界本身就是目的，而不是為了創造紀錄或打破紀錄。但另一方面，我不懷疑個人成就對多數探險家來說是一大動力，儘管他們一談到世界和平、自然保育、氣候變遷和文化融合等等，就忘了提這件事。無論如何，我清楚體認到一點，要是我最在意的是美景，那麼登上周圍其中一座山峰就已足夠，不但成本較低、不那麼累，而且景色更美。其他的不說，光是能近距離欣賞世界最高峰，就值回票價。

登上聖母峰之後，我心裡知道自己得持續拓展自己的想法。我即將完成自己夢想的所有探險……我知道我不會從此停止探險，卻寧可縮減自己的行路足跡，暫時減少在星空下度過的時間。之後的事情，自然而然就發生了。我突然成為父親，第一個、第二個、第三個孩子相繼出生，在我的生命中投下美好的驚喜。一個夢想實現

了，並孕育出無數的新夢想和新展望。我開玩笑地把父親的角色稱為「第四極」。這當然是最容易達到的一極，卻也是目前為止最有挑戰性的一極。

二〇〇四年冬天，我跟一個朋友在哥本哈根。有天早上，我們穿過市區的市政廳廣場。當時冷風刺骨，那個時間如同往常，有一些遊民聚集在火車站後面。其中有位遊民走過來向我們兜售丹麥版的《大誌》（*The Big Issue*）；這本雜誌百分之五十的收益歸販售者所有。我們都不趕時間，所以站在那裡聊了一會兒。他全身凍僵，相信社會辜負了他且為此憤恨不平，但他仍然努力善待他人。而我，我不覺得自己被生活欺騙，恰恰相反。但我再度驚覺我們所有人是如此的相像，即使過的生活截然不同。

於是我買了一本他賣的刊物。封面上是一篇有關夢想的文章，裡頭談到把夢想化為文字有多困難，儘管如此還是有必要嘗試看看。那篇文章提到一份問卷，多名有藥癮或毒癮的遊民被問到他們有什麼夢想。大多數人都說他們沒有夢想。我能夠理解在那種處境下，人為什麼會有這種感覺。有時候，我也難以定義自己的夢想。只是那篇文章的最後一句話，我一直無法忘懷：**是啊，你當然有夢想。請再度勇敢作夢吧。**

身為探險家，我常想，沒人能確定任何事。我不知道哪座山峰會突然浮現在我眼前，讓我決定（或被迫）去爬那座山，或是不爬那座山。但我確實相信，無論我選擇了哪一條路，懷抱夢想且對周圍世界保持好奇，是驅策我前進的動力。我會盡可能堅持自己的原則，即使偶爾仍會犯錯，而且以後或許還會持續犯錯。這些年來我為自己設定的原則裡頭，有兩個我一路走來從未動搖。

第一是善待他人。每天都要。即使是單人探險，也需要依賴許多人的幫助，包括幫你製作靴子、帳篷、睡袋和禦寒外套的人，還有營養師和贊助人。況且善待他人會得到更多幫助，非但合情合理，而且當你的安危可能仰賴這些人的幫助時，不善待每個人其實是極度愚蠢的。

第二是挪威山林中的不成文規定，那就是離開營地之前要將它恢復原狀，甚至恢復得比原狀更好。[2]我認為這是挪威最棒的一條規定。你唯一應該留下的只有感激之心。感謝自己能在這裡歇歇腳，感謝你又能重新出發。生命中最美好的事並無定形。當你再次上路時，別想太多。看看周圍，看看天空，望向太陽、月亮和星星，傾聽周圍的聲音：雨絲落下、腳從潮濕的苔蘚中舉起，還有寂靜。問問自己：我現在在哪裡？

感謝。我在這裡。

致謝

感謝 Rosanna Forte、Joakim Botten、Petter Skavlan、Gabi Gleichmann、Nick Baylis、Kristin Brandtsegg Johansen、Lars Svendsen、Morten A. Strøksnes、Nina Ryland、Unni Lindell、Knut Olav Åmås、Astrid de Vibe、Lars Lenth、Espen Røysamb、Guro Solberg、Mark Handsley、Yonca Dervisoglu 和已故的阿恩・奈斯不吝給予這本書建議。以及卡格出版社的二十六位成員；企鵝集團下維京出版社的 Mary Mount、Venetia Butterfield、Ellie Smith 及 Olivia Mead；Stilton 作家經紀公司的 Hans Petter Bakketeig；Peters, Fraser and Dunlop 作家經紀公司的 Annabel Merullo。

也很感謝我每趟冒險之旅的友伴。一九八三和八四年跟我一起駕駛 Jeanette IV 號橫越大西洋的霍克・瓦爾、亞恩・索斯塔和 Morten Stødle（他後來受傷，回程只好退出）。一九九〇年一起去北極的蓋爾・藍德比（十天後，蓋爾因椎間盤滑出不得不放棄）和博格・奧斯蘭。一九九四年與我一同攀登聖母峰的 Ang Dorje、Nima Gombu、Norbu、David Keaton、Hall Wendel、David Taylor、Ekke Gundelach、Hellmut Seitzl、Kami Tenzing Sherpa（行前他幫了我很多）、Ed Viesturs，以及無人能比的 Rob Hall，一九九六年五月他在聖母峰頂下安詳離世。二〇一〇年一起橫越冰島瓦特納冰原的哈拉德爾・奧恩・奧拉弗松和博格・奧斯蘭。還有一起在紐約走路的史提夫・鄧肯，以及其他陪我們走一段的朋友。

附註

前言

1. Whittell, Giles, *Snow: The Biography* (Short Books Ltd, 2018).

3 訓練自己保持樂觀

1. 這則禪宗故事可在許多網站上找到，包括 Robert Heller 的 Commitment: Zen and the Art of Management 這篇文章。
2. 保羅・維維克的這段文字來自《財星》雜誌（*Fortune*, Europe Edition, 28 March, 2005）。
3. Seligman, Martin, *Learned Optimism: How to Change Your Mind and Your Life* (New York: A. A. Knopf, 1990).

5 成功機率低不等於不可能

1. Berton, Pierre, *The Arctic Grail: The Quest for the North-West Passage and the North Pole*, 1818-1909 (Viking, 1988).
2. *Canada: Anchor Canada* 一書提到北極星號的故事。另見 https://en.wikipedia.org/wiki/Polaris_expedition。
3. *Dogtown and Z-boys* (film, Columbia Tristar, 2001); Næss, Arne, *Hvor kommer virkeligheten fra? 18 samtaler med Arne Næss* (Oslo: Kagge Forlag, 2000).
4. 彼得・本南森的生平摘自 *Economics*, Oslo, 5 March, 2005 上的訃文。

6 別冒愚蠢的危險

1. Miller, William Ian, *The Mystery of Courage* (London: Harvard University Press, 2000).

7 冒一點險，生命就有了不同的意義

1. Gillman, Peter (ed.), 'The Great Mystery', by Tenzing Norgay, *Everest* (Little, Brown and Company, 2001).
2. Nansen, Fridtjof, *Eventyrlyst*, editing and foreword by Erling Kagge (1942; Oslo: Kagge Forlag, 2011).
3. Taylor, Charles, *Sources of the Self: The Making of the Modern Identity* (Cambridge: Cambridge University Press, 1989).

8 別追逐快樂，讓快樂追逐你

1. Hugh Tredennick (ed.), Jonathan Barnes (introduction), J. A. K. Thomson (translator), Aristotle (Penguin Great Ideas, Penguin Books Ltd, 2004).
2. *The Nicomachean Ethics* (Penguin Classics, 2004).
3. *The Cambridge Companion to Kant* (Cambridge: Cambridge University Press).
4. *Rolling Stone* magazine, 'Alex Honnold Documentary "Free Solo" is as Extreme as the Man', Peter Travers, 27 October, 2018.
5. Tomkins, Richard, *Financial Times*, 10 December, 2004.
6. Seneca, *On the Shortness of Life*. (Penguin Great Ideas, Penguin

Books Ltd, 2004).
7. *Science*, 3 December, 2004.
8. *Time* Magazine, 7 February, 2005, 'Lion's Roar: How Meditation Changes Your Brain – and Your Life', by Daniel Goleman and Richard Davidson, 7 May, 2018.
9. 布魯克林和烏干達那一家人的故事，最初刊登在：Kagge, Erling, *Under Manhattan* (World Editions, 2015)。
10. 「我要不快樂，要不就不快樂，如此而已。」出自以下一九一六年七月八日的日記：'Nachlass' manuscript, no. 103, p. 18r (8 July, 1916): Nachlass = Wittgensteingenstein, 1916): Na)。這段文字是維根斯坦死後發表的作品集：Ludwig Wittgenstein, *Notebooks/Tagebücher 1914-1916*, edition H. von Wrightand, E. M. Anscombe (Suhrkamp 1960; Blackwell 1961)，之後收於'Bergen Electronic Edition'。
11. 蘇格拉底和有關痛苦的故事，我是在這裡讀到的：Montaigne, Michel de, *On Experience: The Complete Essays* (Penguin Classics, 1993)。
12. Hamsun, Knut, *En vandrer spiller med sordin* (1909; Oslo: Gyldendal, 1993).

9 學會獨處

1. Svendsen, Lars, *A Philosophy of Loneliness* (London: Reaktion Books Ltd, 2017).

10 享受小分量的食物

1. Kant, Immanuel, '26: of that estimation of the magnitude of natural things which is requisite for the Idea of the Sublime', *The Critique of Judgement* (Kessinger Publishing Co., 1790, 2004).

11 接受失敗

1. Armstrong, Lance, *Every Second Counts* (USA: Vintage, 2004).
2. Heller, Robert, and Carling, Will, *The Way to Win: Strategies for Success in Business and Sport* (Great Britain: Little, Brown and Company, 1995). 這本書裡有些戴利・湯普森的有趣旁白。

12 在責任中找到自由

1. Frankl, E. Viktor, *Man's Search for Meaning* (London: Simon & Schuster, 1997). 法蘭可的這句話來自尼采的名言：'He who has a why to live for and bear almost any how.'
2. Holderlin, Friedrich (1799; 1993): Hyperion, Philipp Reclam jun. verlag GmbH.
3. https://www.1843magazine.com/story/david-foster-wallace-in-his-own-words.

13 把彈性變成一種習慣

1. 我在二〇〇四年春天跟拉斯・史文德森聊過他的經驗。
2. *The Cambridge Companion to Kant* (Cambridge: Cambridge

University Press).
3. 二〇〇四年，我到柏林參觀奧拉弗．艾里亞森的工作室。

14 別把好運留給運氣決定

1. Amundsen, Roald, *Sydpolen. Den norske sydpolsferd med Fram 1910–1912* (1912; Oslo: Kagge Forlag, 2004).
2. 樂透得主的故事是William Zeimba教授杜撰的，Tim Harford在《金融時報》中引用：'Resolving readers' dilemmas with the tools of Adam Smith'。
3. Shakespeare, William, *Hamlet* (Arden Edition of the Works of William Shakespeare), Jenkins (ed.).
4. *Spectator*, USA, Mary Wakefield: 'If I get an adrenaline rush, something's gone wrong', 7 February, 2019.

15 讓目標追著你跑

1. 關於納斯雷丁，我參考了Idries Shah的著作及幾個相關網站。
2. Christophe Mory, Ernst Beyeler, *A Passion for Art: Interviews*, Ernst Beyeler and Christophe Mory (authors), Isabel Feder (translator), Sam Keller (foreword), (Hardcover, 2011; Scheidegger and Spiess, revised edition, 2011).
3. Frankl, E. Viktor, *Man's Search for Meaning* (London: Simon & Schuster, 1997).

16 重新設定你的指南針

1. Coutu, Diane, 'l: Strategic intensity: a conversation with world chess champion Gary Kasparov', *Harvard Business Review*, April 2005.
2. Zapffe, Peter Wessel, *Kvalificerede katastrofer bestemmelse av det objektivt tragiske, Om det tragiske* (1941; Oslo: Pax Forlag, 1996). 不只挪威人有把落腳休息的營地恢復原狀並心懷感激的觀念。根據法國作家 Sylvain Tesson 在 *Constellations of the Forest* (USA: Rizzoli Ex Libris, 2013) 所說，童子軍運動創始人 Robert Baden-Powell 也有類似的建議：「離開營地之前，只能留下兩樣東西。一是，什麼都不留。二是你的感謝。」我到處找過，卻沒在其他地方看過這句話。Tesson 建議這應該成為全球通用的原則。好主意！

我的其他拙作也是本書許多篇章的資料來源。

Kagge, Erling, *Nordpolen: Det Siste Kapplopet* (Oslo: Cappelen, 1990)
____, *Alone to the South Pole* (Oslo: Cappelen, 1993)
____, *Under Manhattan* (World Editions, 2015)
____, *Silence: In the Age of Noise* (Viking, 2017)（繁體中文版，《聆聽寂靜》，大塊文化，二〇一八年）
____, *Walking: One Step at a Time* (Viking, 2019)（繁體中文版，《就是走路》，大塊文化，二〇二〇年）

圖片出處

書中很多照片都是我這些年在探險途中拍攝的（頁 5，28，103，111，114，124－125，131，142，146）。其他照片，我則在此致上深深的謝意。

001／Ceal Floyer: *Snow Globe*（雪球），2017. 藝術家和 Esther Schipper, Berlin 同意翻印。Photo © Andrea Rossetti

020－021／Mary Evans Picture/NTB scanpix

032／Lars Ebbesen

037／Karen Kilimnik: *Iceberg Ahead!*（前方有冰山－·），2002. 感謝 Galerie Eva Presenhuber, Zürich; 303 Gallery, New York; Sprüth Magers, Berlin, London

045／David Keaton

052－053／Ronald Grant/Mary Evans Picture/NTB scanpix

061／Grenna Museum-The André-Expedition Polar Center 同意翻印

064－065／Børge Ousland

069／Børge Ousland

072／Rob Hall

077／Alex Kwartler: Pink Matterhorn（粉紅色馬特洪峰），2004.© Alex Kwartler, Courtesy John Conelly Presents

085／Børge Ousland

092－093／Kjell Ove Storvik

104－105／Børge Ousland

120／Lars Ebbesen

139／Børge Ousland

149／Roald Amundsen/Public Domain

155／Richard Prince: *Untitled (Silver pool float)*（無題〔銀色水池漂浮〕）, 1995. 藝術家同意翻印．Photo: Ina Hagen

160–161／Børge Ousland

176／Ceal Floyer: *Wish You Were Here*（願你在此）, 2008. 藝術家及 Esther Schipper, Berlin 同意翻印．Photo © Nick Ash